A Result of Many-Poled Contiguities. Paratexts of *Before Your Eyes – Vietnam* (1980–1982): p. 3

Leaflet *Before Your Eyes – Vietnam* [1982]: p. 9

Minutes of the discussion on *Before Your Eyes – Vietnam* at the 6th Duisburg Film Week [1982]: p. 18

Photos: p. 20

Imprint: p. 24

A Result of Many-Poled Contiguities

Paratexts of *Before Your Eyes – Vietnam* (1980–1982)

The foyer of the Delphi, a legendary Berlin first-run theater near Zoo Station. It is—probably—the evening of February 21, 1982, during the 32nd Berlin International Film Festival. Harun Farocki and the actor Ronny Tanner have set up a few props: a table, a chair; two photographs, and a sheet of white paper lie on the table. The occasion is a performative advertising flash for Farocki's film *Before Your Eyes – Vietnam*, which will be shown for the first time on the following day in the same theater as a contribution to the 12th International Forum of New Cinema. A short sequence from the last third of the 114-minute film will be performed.

A camera team (probably one person each for camera and sound) documents the event. From the material a film of just under six minutes was produced, all traces of whose existence were lost until recently. The reel in question appeared early on in the examination of those parts of Harun Farocki's estate held since late 2015 by the Harun Farocki Institute (HaFI) in Berlin. In contrast to the black-and-white film to which the action refers, the find is of 16-millimeter Kodachrome reversal material.

The entirely unexpected return to visibility of this film, along with its attendant can, which had been labeled by Farocki "Ronny and Harun Act Up," triggered a series of considerations and resulting actions. Following preparatory work by Filipa César and Volker Pantenburg, film and sound, which existed separately, were digitalized—also separately—on behalf of the HaFI by the Korn Manufaktur in Berlin. Inquiries as to who had been responsible for sound and image in February 1982 initially came to nothing. The fact that this wasn't material that could be ascribed to Farocki's work was beyond dispute but it was equally unquestionable that this was a find that could be associated with the nascent HaFI archive—as a cinematic paratext that arose from working processes that certainly include an advertising event and its filming at the Berlinale.[1]

For the HaFI the authorless film reel "Ronny and Harun Act Up" was among other things an impulse to look again at *Before Your Eyes – Vietnam*. That complex and many-layered film about possible perspectives on the war in Vietnam, shot in sixty days between 1980 and 1982 in West Berlin, Lüchow-Dannenberg, and Khon Kaen (Thailand)—and edited over countless more—which, as Farocki acknowledges in his autobiographical fragment, "didn't include the crimes of North Vietnam and the Vietcong. The fact that the camps for political opponents didn't appear in it, and neither did the refugees, the Boat People, who mostly fled the communist regime in unseaworthy vessels,"[2] convinced critics such as Frieda Grafe or Hans Christoph Blumenberg, but certainly wasn't approved of everywhere at the time of the film's release. Farocki's large cast included the two well-known actors Bruno Ganz and Hanns Zischler. But their professional performances ensured an appreciable difference from the other players, such as the two leading figures of Anna (Anna Mandel) and Robert (Marcel Werner), who acted and talked like the "models" of Bresson or Straub/Huillet. This contrast between professional and amateur acting contributed to the distance

---

1 The HaFI archive is expressly concerned not with Farocki's work in the form of his finished films, installations, television programs, or radio pieces, for which other archives are responsible, but with everything in a sense left over from the research and conceptual phases, the production and postproduction, and the reception of these works. This means with a "surplus," whose registration and administration can't and shouldn't be understood automatically—and requires approaches and methods still to be developed.

2 Translated from Harun Farocki, *Zehn, zwanzig, dreißig, vierzig. Fragment einer Autobiografie*, ed. Marius Babias and Antje Ehmann. Cologne: Verlag der Buchhandlung Walther König, 2017 (= *Harun Farocki. Schriften*, vol. 1).

from the established forms and formats of (West German) film that Farocki sought—through the avoidance of visual clichés, through Spartan scenography and the dialectic montage of heterogeneous modes of narration and argumentation. The effort of theoretical reflection, as its portrayal in the film makes noticeable, was sometimes perceived as forced. The film was also accused not only of reflecting the imagery and rhetoric of the war in Vietnam, and brushing the formulas of a US-American mainstream cinema the wrong way, but also of participating in them. In the program booklet of the International Forum of New Cinema a certain Antonio Babington wrote, in an otherwise positive review: "The film is lurid in the clichés that it unobtrusively but hardly unnoticeably makes use of."[3]

According to a note from the time around 1979, Farocki had conceived his second full-length film—after *Between Two Wars*—as a "remake" of *Inextinguishable Fire* (1968/69).[4] *Before Your Eyes – Vietnam* (an already quite final draft of the screenplay bore the title "The Liberation;" during the shoot the work was referred to as "Vietnam vor Augen," which corresponds to its eventual English title) poses not least the question of the archives from which this film derives and what it is very openly about. As with all of Farocki's cinematic works, reading and research led the way. *Before Your Eyes – Vietnam* also exemplarily shows how the sources and material (and the intellectual work associated with them) were not covered by a narrative or plot but understood as agents in themselves and consciously used as such.[5]

---

3   Antonio Babington, "Vietnam-Krieg, gedreht in Berlin," in *Programmblatt 13* [on *Before Your Eyes – Vietnam*], 12th International Forum of New Cinema, February 13–23, 1982, part of the 32nd Berlin International [online]: <http://www.arsenal-berlin.de/berlinale-forum/archiv/katalogblaetter/action/open-download/download/etwas-wird-sichtbar.html>, last accessed July 12, 2017. Nothing more can be found out about an author of this name; the text probably comes from Farocki's professional periphery or was penned by him.

4   "ten years ago i made a film *inextinguishable fire*; today i want to make a remake of it. the film *inextinguishable fire* is about people of the technical intelligentsia who take part in the production of napalm, inventing and engineering. ...ten years ago there were worldwide protests against the war of the usa against vietnam. for this reason i started with people who take part in weapons production, inventing and engineering. then their weapon is used and they see it on television; they are shocked. ...this raised the question of the connection between production and destruction. does the corn production in the usa destroy the rice production in vietnam, is labor in the usa and europe aggressive, even where it isn't belligerent? you make a remake when something has changed." Harun Farocki, undated typescript, two pages, archive of Antje Ehmann/Harun Farocki GbR, Berlin.

5   Books, sometimes individual texts or poems, were a particular source of material and inspiration for Farocki, but he also literally filmed them and correspondingly activated them, turning them into actors. Some of them are named in the closing credits of *Before Your Eyes – Vietnam* (in the following with minor bibliographic corrections): Heiner Müller's early poem "Bilder," from 1955, in Heiner Müller, *Geschichten aus der Produktion 2. Stücke, Prosa, Gedichte, Protokolle*. Berlin: Rotbuch/Verlag der Autoren, 1974; Jon M. Van Dyke, *North Vietnam's Strategy for Survival*. Palo Alto/CA: Pacific Books, 1972; Susan Sontag, *Reise nach Hanoi* [Trip to Hanoi], trans. Anne Uhde. Reinbek bei Hamburg: Rowohlt Verlag, 1969; Frances FitzGerald, *Fire in the Lake: The Vietnamese and the Americans in Vietnam*. Boston: Little, Brown and Company, 1972; Carl Schmitt, *Theorie des Partisanen. Zwischenbemerkung zum Begriff des Politischen*. Berlin: Duncker & Humblot, 1963. Other classics of military theory, such as Carl von Clausewitz's *Vom Kriege* [On War] or Lin Biao's *Es lebe der Sieg im Volkskrieg* [Long Live Victory in the People's War] lie on a small table, ready to be read by the protagonists Anna and Robert. Others—*Befragung eines Vietconggefangenen* [The Interrogation of a Vietcong Prisoner], by Dr. Slote, *Soziometrie des vietnamesischen Dorfes* [The Sociometry of the Vietnamese Village], *Soziale Wandlung durch Kolonialismus* [Social Change through Colonialism], *Sekten – Minoritäten* [Sects – Minorities], or *Der Einfluss Chinas und der Konfuzianismus* [The Influence of China and Confucianism] are distributed across the floor of the apartment or are listed by Robert, but are more or less fictive titles. In his text "Dog from the Freeway," Farocki provides further insight into his reading, and particularly recommends Georg W. Alsheimer's *Vietnamesische Lehrjahre. Bericht eines Arztes aus Vietnam 1961–1967* [A Vietnamese Apprenticeship: Report by a Doctor from Vietnam 1961–67], with an additional report from 1972, 2nd improved edition, Frankfurt am Main: Suhrkamp, 1972. See Harun Farocki, "Dog from the Freeway" [1982], in: *Harun Farocki. Working on the Sightlines*, ed. Thomas Elsaesser. Amsterdam: Amsterdam University Press, 2004, pp. 109–32.

This idea of an active function that archival materials such as books, academic works, photographs, or TV footage can take on in the cinematic image, that can hold its own next to the directing, acting, camerawork, and design as an element of the audiovisual and theoretical argumentation, is also conveyed in the restaging of the film scene in the Delphi foyer in February 1982. Farocki asks the attendant viewers (among them Erika and Ulrich Gregor, the directors of the Forum) to come a little closer ("We prefer quiet sounds"), and then explains in a few words what they can expect on the provisional stage in the following minutes: "This is the American soldier Tanner, played by Ronny Tanner. The American soldier Tanner was shot down by a child while flying through North Vietnamese air space, and is now in the custody of the North Vietnamese population. This is the desk; around it are hundreds and thousands of North Vietnamese, whose multitude I will portray." The North Vietnamese, says Farocki, would ask the American soldier questions: "The questions are directed at the material he has brought along."

Both performers are in costume—Tanner in green military clothing and parachute gear, while Farocki substitutes the ten performers around the table in the film with a shirt in the black of the National Liberation Front, a straw hat like those worn by Vietnamese rice farmers, and the mock-up of an assault rifle. While the scene in the film is largely shot overhead by a camera fixed above the protagonists' heads, the documentation of the advertising stunt was filmed with a hand-held camera revolving around the scene being performed: the soldier, Tanner, first lays his torso on the folding table and answers the questions by giving a short description of the US Military aerial reconnaissance and resulting operations with the aid of the photographs: like many photographs of villages, taken over a longer period of time, that would provide the attackers with indications of changes on the ground, but not of the "complexity of social life;" like the highly enlarged photographs of shoeprints that could become evidence of the age and mobility of the Vietcong fighters. The soldier points out that he has long become a philosopher of the image: "Philosophy asks: what is man? I ask: what is an image? Images have too seldom a meaning in our culture. They are employable. We examine the images to acquire information and only the information we can express in words or numbers. By the way, I believe that sounds are held in even less esteem than images. I learned to listen to sounds in Vietnam. Still, you have to watch out that someone doesn't come and make music out of them."

At this point in the screenplay of *Before Your Eyes – Vietnam* the short performance in the Delphi ends—not an ill-chosen place to muse on the fate of images. In the quoted passage Farocki concentrates his understanding of the instrumental image as the basis and function of computations and speculations going beyond the visual. Here his later examinations of the "operational images" of military technology or the algorithmic architecture of computer games can already be surmised. We can understand the desire, after this synopsis of an entire program for an image theory (whose extension into the dimension of sounds, as Farocki hints, would be worth a study of its own), to stop for a moment, to let the matter rest. And when someone in the audience speaks up, Farocki reacts with some surprise, almost dismissively: "A discussion after the trailer?" Then he initially continues to listen (while the audience on all sides quickly thins out) to someone making a connection between the attacks of the Red Army Faction (RAF) on US Military bases in Germany and the apparent appearance of the RAF as fighters for peace on North Vietnamese leaflets, but ends the discussion before it begins with the moody comment: "That's not a question. That's a statement!"

Distinguishing between speech acts, typologizing gestures and propositions, decoding a grammar, subjecting the media and social environment to a "reading" all belong to Farocki's characteristic *modus operandi*.

Before Your Eyes – Vietnam, too, assembles and presents a whole series of ways to relate oneself to the interlocking stories of the war in Vietnam, the opposition to this war in a place like West Berlin, militant films and military science, love, and work. In an interview in March 1982 Farocki talks of aspiring to "a methodological critique of images and words," although he says that—unlike political parties—it isn't a question of a "program" but of the "whole manner" of an approach; and regarding works of art: "[I]t depends on how they function, how they argue, how they create meaning or obliterate it," instead of "what they proclaim."[6]

This isn't the place for an in-depth analysis of the film, which would have to proceed from and extend the fairly copious literature.[7] Instead this publication draws on the combined archives of the HaFI and Harun Farocki GbR in order to illuminate, for one thing, the immediate context of the advertising stunt in February 1982 (which was part of an entire self-organized guerilla-marketing campaign in the course of the year, and included graffiti on the walls of buildings and a Volkswagen bus with large billboards, which Farocki drove through Berlin) and, for another, the measures that were taken to inform and if necessary to direct the reception of *Before Your Eyes – Vietnam*.

These measures included the impressive twenty-seven-page essay "Dog from the Freeway," a synthesis of Farocki's preoccupation with the war in Vietnam and the research and reportage he prompted, in the January 1982 issue of *Filmkritik*. Its cover showed a photograph of Vietcong working in a rice field with assault rifles on their backs above handwritten artwork intended to compare (which the film does with the example of agriculture) what Farocki characterizes as the Vietnamese and US-American mode of production.[8] But for us, along with "Ronny and Harun Act Up," it was primarily the eight-page leaflet that Farocki produced with the distributor Basis-Film Distribution Berlin that motivated the present *HaFI 005*—reproducing it in its more or less original size seemed a good reason. This leaflet, which Farocki distributed to the audience after the short performance in the Delphi, not only contains stills and the cast list of *Before Your Eyes – Vietnam* but is also an elaborate text–image montage, a digressively didactical press kit, a gift of material:[9] it contains excerpts from the screenplay, a quotation from Susan Sontag's 1969 book *Trip to Hanoi*, a passage from a column by Pier Paolo Pasolini published in 1968, an interview with Farocki conducted by his alter ego "Rosa Mercedes," and—as cover motif—a photograph of the final shot of the film, upgraded with many annotations into a quasi technical image.

HaFI 005 is supplemented by the protocol of one of the film discussions that Farocki knew how to avoid after the short trailer performance for *Before Your Eyes – Vietnam*, but that are ritually held, after all, after screenings in the presence of the director. Towards the end of the year, on November 9, 1982, having been screened during the previous

---

6 Translated from Qpferdach [= Hans-Joachim Wacker], "Von der Beschwörung eines Funken. Einige Thesen Harun Farockis," interview with Harun Farocki in *die tageszeitung* (March 8, 1982), p. 14.

7 The immediate critical reception is noteworthy (see for example the reviews at the time by Michael Kötz in *Frankfurter Rundschau* (May 22, 1982), Hans Christoph Blumenberg in *Die Zeit* (July 7, 1982), Frieda Grafe in *Süddeutsche Zeitung* (July 16, 1982), and others); Thomas Elsaesser's essay "Working at the Margins: Two or Three Things Not Known about Harun Farocki" was then groundbreaking in 1983 (*Monthly Film Bulletin*, vol. 50, no. 597 (October 1983); reprinted in a slightly revised version in Thomas Elsaesser (ed.), *Harun Farocki: Working on the Sight-Lines*. Amsterdam: Amsterdam University Press, 2004), and was to be followed—after a longer interval—since the late 1990s onward by further significant articles and book chapters by Tilman Baumgärtel, Rembert Hüser, Rainer Rother, Volker Pantenburg, and others.

8 Farocki 1982 (see note 5).

9 Perhaps not by chance does the leaflet recall the *Neue Filmkunst* booklets, which were commissioned by Walter Kirchner in the 1960s on the films he distributed by Jean-Luc Godard, Straub/Huillet, and others, and edited by critics such as Herbert Linder, Frieda Grafe, or Enno Patalas.

months at festivals and on general release, the film was shown at the 6th Duisburger Filmwoche [a festival for German-language documentary films; trans.], and Farocki was obliged to face critical objections. His reflection on the contradictory nature of an involvement with the war in Vietnam only a few years after its end in 1975, and what's more from the perspective of West Berlin intellectuals, was accused of simply moaning about the loss of an object of political mobilization by the protestors of 1968. Farocki responded that he had been concerned with something else, with a history of ideas, with the lessons learned by the West from the tactics of the Vietcong, a knowledge of the "exploitation by the guerillas of reserves and niches" that has gone into the methods of industrial engineering, so that the North Vietnamese partisans, it can be added, could become the involuntary harbinger of the general intellect embodied in machines and methods.

Towards the end of the Duisburg discussion Farocki made a remark that is also instructive of the conceptual work on and in the HaFI archive, and was protocoled as follows: *Before Your Eyes – Vietnam* "was not due to <u>one</u> particular interest, but rather...stood in the continuum of his work and resulted from the many-poled contiguities of his other activities; <u>the</u> emphasized 'motif' interested him less." To rephrase in more general terms: the individual film, the individual work, if it weren't understood as the self-contained result of a particular commission or conjunction of themes, but as the modular component of a comprehensive, long-term, and open research activity, is as important for the library as the movie theater, the editing table, the journey, or the conversation.

Tom Holert, Doreen Mende,
Volker Pantenburg

Following pages: The leaflet *Before Your Eyes – Vietnam*, from 1982, published by Basis-Film Distribution and Harun Farocki.

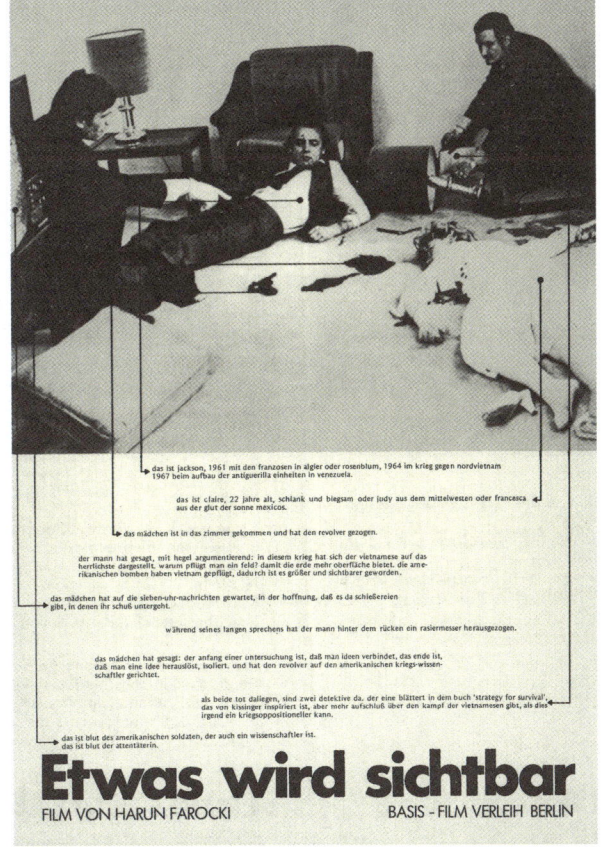

this is jackson, with the french in algier in 1961, or rosenblum, in the war against north vietnam in 1964, building up the anti-guerilla units in venezuela in 1967.

the girl entered the room and drew the revolver.

the man said, arguing with hegel: in this war the vietnamese has presented himself superbly. why does one plow a field? so that the earth provides more surface. the american bombs have plowed vietnam, making it larger and more visible.

the girl waited for the seven o'clock news, in the hope of shootouts that would drown out her shot.

this is the blood of the american soldier, who is also a scientist.
this is the blood of the assassin.

this is claire, 22 years old, slim and supple, or judy from the midwest, or francesa from the glowing mexican sunshine.

during his long speech the man drew out a razor behind his back.

the girl said: the beginning of an investigation is the connection of ideas. the end is the separation, the isolation, of an idea, and aimed the revolver at the american war scientist.

two detectives are there when they are lying there dead. one leafs through the book 'strategy for survival,' which is inspired by kissinger, but is more enlightening about the struggle of the vietnamese than any anti-war activist.

"Wie unerlaubt das aussieht, ein Bild von uns zwischen den Bildern vom Krieg.
Wie in einem Kriegsfilm: eine erregende Liebesgeschichte vor dem Hintergrund von Krieg und Völkermord.
Es sieht so obszön aus, weil wir unverletzt sind. Die Opfer auf diesen Bildern hier sind blutig, die Täter sind alle unverletzt."

Etwas wird sichtbar

Es wird sichtbar: die Beziehung zwischen Anna und Robert und Vietnam.
Liebe und Krieg als zwei Punkte im Koordinatensystem.
Vietnam ist scheinbar weit weggerückt. Über Bilder und ihre Arbeit lassen Anna und Robert den Krieg wieder näherkommen – Vietnam in Berlin.
Sie scheitern daran; in ihrer Beziehung und in ihrer Arbeit – dahinter liegt aber neue Erkenntnis, eine neue Verbindung.

"Ich hatte in den vergangenen (...) Jahren in meinem Kopf, unter der Haut, in der Magengrube ein Vietnam geschaffen und es ertragen. Aber das Vietnam, an das ich gedacht hatte, war kaum ausgefüllt. Es war im Grunde nichts als die Form, in die Amerika sein Siegel schnitt."
Susan Sontag

Etwas wird sichtbar

"How illicit an image of us between the images of war.
Like in a war movie: a stirring love story set amidst war and genocide.
It looks so obscene because we are not injured. The victims in these images are blood-stained, none of the culprits are injured."

Before your eyes: the relationship between Anna and Robert and Vietnam.
Love and war as two points in the system of coordinates.
Vietnam has apparently gone far away. Through images and their work, Anna and Robert cause the war to come closer again—Vietnam in Berlin.
They fail; in their relationship and in their work—but there is new insight behind this, a new connection.

"What I'd been creating and enduring for the last four years was a Vietnam inside my head, under my skin, in the pit of my stomach. But the Vietnam I'd been thinking about for years was scarcely filled out at all. It was really only the mold into which the American seal was cutting."

Susan Sontag, *Trip to Hanoi*. London: Panther Books, 1969, p. 19.

Has Vietnam Gone Out of Fashion?

It has been a few weeks now that the word Vietnam has disappeared from newspaper headlines. The urgency, obstinacy, and ostentation with which until recently this word "made news," has given way to a distracted "routine," or at least a kind of quiet. If someone crazy were to think of carrying out a philological investigation of the number of times the word Vietnam had been used in the news reports of the last few years, compiling lists under different headings: political parties, newspapers, people, etc., a statistic would arise that, in its own way, would reflect perfectly the political and moral climate in which we have lived. And it is a pity that such an inquiry would omit the contribution of the oral use of this word.

I can say with absolute certainty that I would be the last person featuring on the list of people that have used the word, both in written and even in its oral form: I have not used it more than three times in its written form. I am proud of this. In fact, the word Vietnam was mostly used demagogically, in an oppressive way, out of obligation, fashion, moralism, need, in order to exploit or to be exploited. It was used with vanity, with pride, and conformism. It represented a generalized desire to wash oneself of one's sins. A desire that had become a common sentiment; simultaneously diffused and differentiated, majoritarian while also elective.

It is from anger and shame that I have always refrained from naming Vietnam in vain, as the Ten Commandments incite against taking God's name in vain. But now there is a pausing moment – ah, certainly not definitive – in Vietnam's atrocious fashionability. Now that the Vietcong, if only for a brief moment, seem distant and "separate" from us (it is indeed more practical to speak about Mexican students now), I want to state all my love for that tiny and sublime people. While in Europe fake avant-garde battles are being fought (fake because objectively premature – all over Europe there is fascism in its various forms except in England), over in Vietnam a rearguard war is being fought, a war that first and foremost is being fought for such minimal and elementary things as freedom and independence. I do not want to be a blackmailer. I only want to be realistic. And I say this above all to the men of my age, whose fate has been that of seeking "fulfillment" at a different time to that in which their life began.

No: for them it is still the same old era, they must fight their old battles. Exactly because they are still in the world, many of the reasons that have influenced their time are still real. Their ambiguity is further aggravated, to a dramatic, or even tragic extent. They cannot in fact know, and do not see that a new era is born; they can only "fulfill" themselves in the old. It is not a generational matter.

Even though university students cry "Ho Chi Minh," the Vietcong peasants and "heroes" belong to the old era. I put the word "heroes" in quotation marks because, as Basaglia told me, an inmate in his asylum said that heroes are a product of repressive societies.

Pier Paolo Pasolini

Translated from Pier Paolo Pasolini, "Il Vietnam è passato di moda?," in Tempo, vol. XXX, no. 43 (October 19, 1968), reprinted in: Pier Paolo Pasolini, *Il Caos*. Rome: Editori Rinuiti, 1979 (the German translation of *Il Caos* by Agathe Haag and Renate Heimbucher, which Farocki used for the press kit, was edited by Agathe Haag as *Chaos. Gegen den Terror*. Berlin: Medusa, 1981). Last edition of *Il Caos*. Milan: Garzanti, 2015.

"Why is this: when people embrace, they are silent, when they begin to think and speak, they cease to embrace. Or even worse: two lovers are talking. Suddenly they run out of ideas: they embrace.
But connecting love and politics would mean doing both—at the same time.
No, that's not right. Two lovers can embrace silently, and it's like a conversation. Or they stand apart and speak, and it's like an embrace."

Etwas wird sichtbar

Harun Farocki in Conversation with Rosa Mercedes

M: There are two things in this film, the love between Anna and Robert and the war in Vietnam.

F: To begin with, this is nothing special. There's love in every war film (although there isn't war in every love story). It's a producer's rule: people who aren't interested in the one can get something out of the other. I adopted this rule and looked for the relationship between the one and the other. The only thing excluded was: love is war, as metaphor.

M: My connection is: for a while the Vietnam War is close; you think about it every day. Then it retreats into the distance again, and all that remains is a feeling that you've lost something, yourself and the thread. It's a familiar sequence. We speak about love this way, but scarcely about war. Here war is conceived in the terminology of love; words that are otherwise only applied to love are used for war.

Things have an outline, then they become unclear again, and you discover that you've perceived their desired form, not the things themselves. There's a parallel between how you perceive a person and a war, a revolutionary war.

F: I didn't want to do it in parallel. I didn't want that one thing always steps in when you aren't making headway with the other. I wanted the love to be one coordinate and the war the other. Between these two coordinates there is a (potentially unlimited) field. The field of the imagination, on which things move: the concepts of separation/connection, the question of what an image is, the antithesis of machine work and craftwork.

M: It's probably also about faithfulness.

F: Yes, what's usually so easy to say when love fails: we weren't compatible. Or newer words to explain the whole thing, you also find that in politics. There has been enthusiasm and then disappointment since revolutions have existed. "How could I have been so blind as to believe the Vietcong could create a better regime?" You say "blind" because love is blind. But being faithful to an idea means not quickly exchanging it for another more convenient one. You might have to be prepared to endure the death of an idea without walking away. Faithfulness also means being in at the death.

M: Put less darkly: I know a lot of people who say, my life just consists of breaks; just once I should close a chapter properly. Unfortunately they put this into action by taking their university degrees. Another thing is: in the film Anna says that two lovers can embrace silently and it's like a conversation. Or they talk to one another and it's like an embrace. Or they stand far apart from one another and talk, and it's like an embrace. We don't see Anna and Robert making love, attempting love, but in the attempt to speak to one another.

F: Yes, we're always talking about something. When we shot this film, April 30 came round, the day on which the Vietcong reached Saigon. But we didn't talk about this while shooting. We didn't talk about politics at all, more about love between the film people, and about non-love, that is, money, food, and so on.

M: The film is also about the fact that you can be faithful by separating, and by not holding on to false connections.

F: Yes, there's the war in Vietnam. Then there are two people here. They say to themselves, Ho Chi Minh says that whoever has no weapon should take a hoe, and because they don't even have a hoe or a knife, they at least want to conceive an idea of the war and continue it here. Continue it by replacing the images from Vietnam with images from here. That is, thinking the war forward. This disintegrates them. You try to form something out of clay, but something's wrong, and before the form is there the material crumbles. Robert now tries to hold on to the idea; he considers whether ideas live on in a different form.

M: Anna, however, wants to separate. She doesn't want all these ifs and buts. She wants to isolate ideas, to liberate them from bad contexts. That's why she says "separate" and not "hold apart." The Chinese under Mao said 70/30 about Stalin. That is, Stalin was 70 percent good and 30 percent bad. She doesn't want to make this reckoning.

F: With me people always try to hold the images and the words apart. People like to say to me: but lovely images. You have to remember that today everyone says BUT. People say, but a lovely woman, as if it were against a basic expectation. Just like people say about a woman, but she's a good fuck, they say about me, but lovely images.

M: Your film has a man who talks about images and sounds, as perhaps Godard might do. But it isn't Godard, it's an American GI who is a prisoner of the Vietnamese.

F: Yes, it's a film about interchange. The CIA images speak better about the Vietcong than the books of the antiwar opposition. The idea of weakness, which is a quality triggered by the guerilla war in Vietnam, was thought about and acted on more by technocrats than guerillas here. This is nothing new, by the way. The Greeks raided the Anatolian cities and plundered and destroyed them, enslaving scientists, and so became great mathematicians.

M: The hope remains that the despoiled retrieve their goods.

F: The Vietnamese had to fight with American weapons, that is, fight American. But it was the attempt to retrieve something that was in the wrong place.

BEFORE YOUR EYES – VIETNAM
Film by Harun Farocki, 35mm, b/w,
25 FPS, 114 minutes

Cast in order of appearance:

Anna Mandel
Marcel Werner
Hanns Zischler
Inga Humpe
Bruno Ganz
Ernst Helter
Minf HuToMo
Jaff Layton
Ronny Tanner
Hartmut Bitomsky
Rainer Homann
Olaf Scheuring
Michael Wagner
Manfred Lindlbauer
Klaus Henrichs
lngrid Oppermann
Elfriede Irrall
Frank Arnold
Jacques Thiti
Ursula Hoffmann
Nannette Lorraine Schumacher
Gisela Stelly
Klaus Wohlfart
Willem Menne

Cinematographers
Ingo Kratisch
Wolf-Dieter Fallert
Ebba Jahn

Sound
Rolf Müller
Manfred Blank

Mixing
Gerhard Jensen

Music
Markus Spies

Scenography
Ursula Lefkes

Assistance
Marion Lange
Karl-Heinz Wegmann

Editing
Johannes Beringer

Production management
Ulrich Ströhle

Filmography Harun Farocki, Selection:

The Words of the Chairman, 1968
Inextinguishable Fire, 1969
The Division of all Days (with H. Bitomsky), 1970
Something Self-Explanatory (15x) (with H. Bitomsky), 1971
The Trouble with Images, 1973
About Narration (with I. Engström), 1975
Between Two Wars, 1977
The Taste of Life, 1979
Before Your Eyes – Vietnam, 1981

"An interesting image: the American soldier has a stethoscope to listen for subterranean tunnels through which the Vietcong move. Like a doctor. The image says: the Vietcong are the sickness that has befallen Vietnam. The American soldier is the doctor who makes the country well again.
And the image says something else: the Vietcong is the blood flowing through the veins of Vietnam. The heartbeat."

BERLIN FIRST SHOWING

From Feb. 26, 1982. Daily 8.30 p.m.
Film rental and information at:

Basis-Film Verleih GmbH, Güntzelstrasse 60, 1000 Berlin 31, Tel. 030/853 30 37

Sixth Duisburg Film Week '82, November 8–13, filmforum at Dellplatz

BEFORE YOUR EYES – VIETNAM
by Harun Farocki
Tue. Nov 9, 1982
11 a.m.

Minutes of the discussion about the film:
To get the discussion started Dietrich Leder, as moderator and member of the program commission, justified the screening of the film at the Duisburger Filmwoche, although it had already been shown in the Forum in Berlin and several theaters. He said that this repeated screening of the film at a festival was justified by the fact that it exemplified something that could prompt visitors to a documentary film week, and particularly documentary filmmakers, to think about how they deal with (film) images. This "something" was skepticism, which *Before Your Eyes – Vietnam* expressed both thematically and formally about the "truth of images."
Very many documentaries dealt with documentary images in such a way as to present them on the one hand as "true" and "authentic," but on the other used the same images (particularly in their claim to truth) as rhetorical arguments in the discourse of the film.

This aspect of the argumentative use of images, along with misgivings about Harun Farocki's attempt to avoid and simultaneously reflect on this rhetorical exploitation of images, was the determining theme of the following discussion. In the understanding of the minute-taker, the variously expressed misgivings about the portrayal of the Vietnam conflict also belong in this context.

Arnold Sieber (UNIDOC) in particular criticized the film's presentation of its historical content (the intellectual Western European debate on the Vietnam conflict) in the self-pitying "wailing over lost toys" of bygone "revolutionary romanticism." Farocki saw a pattern in this contribution that he had encountered in many discussions about his film; but he decisively defended himself against such unequivocal attribution of cinematic images to particular ideas that as such have nothing to do with the instruments of films. In *Before Your Eyes – Vietnam* he had not been concerned with the exploration of a particular conjuncture (of atmospheres; minute-taker) but with the exploration of an extremely significant process in human history, namely the struggle of a people of apparently utterly inferior strength against a highly armed occupier, and the victory of this people. He had been interested in examining this process and its reflection in the Western European discussion. One also shouldn't, Harun Farocki continued, insist on the film's two protagonists, as they disappeared for long stretches of the film into their own research into the ideas of the guerilla war. So the film is about the history of ideas. It investigates an idea: Europe looks at a guerilla war—what comes from this?

As for the question of who really <u>learnt</u> from the Vietnam conflict and the guerilla war of the Vietcong, it can be observed, for example, that the strategists of "industrial engineering," that is, the construction of machines, have learnt more from the exploitation by the guerillas of reserves and niches than left-wing discussion circles. Farocki therefore understands his attempted portrayal of poverty of experience as an invocation: to thaw what is frozen in these machines.

W. Roth again came back to the film's reserved atmosphere, which moves between solemnity and grief. Due to the film's lack of irony, according to Roth, because it increasingly appears merely beautiful, it remains within the solemnly atmospheric. What is lost through this is an examination of the experiences with and within the protest movement against the Vietnam War.

This aspect, which concurs with the impression often voiced in the discussion, that the film sets forth a certain cold solemnity and mannered stylism, especially in those scenes featuring the two main protagonists, once again focused the misgivings about Farocki's hermetic form of narrative towards the end of the discussion.

Responding to a comment about the systematic emptying of the cinematic images, Farocki expressly defended his method by pointing out that particularly in the portrayal of relationships between several people in a film (and their relationship to society, history, politics) one also had to insist cinematically on the abstraction of these relationships, as opposed to the scenographically charged abundance of images in both the daily information media and the temperamental new (German) feature films. He didn't believe (anymore) that so-called "whole people" communicate with one another in films or relationships, but in fragments at most.
So one had to remove very many everyday signals from the décor of the film, from the acting, speaking, action of the performers, in the interest of intensifying the analysis with less imagery. The catchword "nouvelle cuisine" was mentioned.
Taking this up, Dietrich Leder represented the view that the deliberate reduction undertaken by Harun Farocki in his film certainly represented something correct, but that this reduction, which was also shown in the exclusively linguistic reflection on the truth and untruth of images, led to a certain solemnness of portrayal. What remained in this specific form of reduction was actually mere text, delivered by the performers in the middle register.

In conclusion Harun Farocki answered the question as to his specific interest in making this film by saying that the film was not due to <u>one</u> particular interest, but rather that it stood in the continuum of his work and resulted from the multi-polar contiguities of his other activities; <u>the</u> emphasized "motif" interested him less.

Minute-taker: Jochen Baier

Photos

Material

Harun Farocki with an extra (left) and Jeff Layton (right) on the set of *Before Your Eyes – Vietnam*.*

Harun Farocki mit einem Statisten (links) und Jeff Layton (rechts) auf dem Set von *Etwas wird sichtbar*.*

* Despite extensive research, not everyone in the photographs pp. 20–21 could be identified.
* Trotz intensiver Recherche konnten manche der abgebildeten Personen auf den Fotoseiten 20–21 nicht erkannt werden.

On the set of *Before Your Eyes – Vietnam*. Left to right: Karl Wegmann, Rolf Müller, Harun Farocki, Ingo Kratisch, three unidentified extras and a worker, Anna Faroqhi, and Ingrid Oppermann.*

Auf dem Set von *Etwas wird sichtbar*. Von links nach rechts: Karl Wegmann, Rolf Müller, Harun Farocki, Ingo Kratisch, drei nicht identifizierte Statisten und ein Mitarbeiter, Anna Faroqhi und Ingrid Oppermann.*

Harun Farocki and Ingo Kratisch on the set of *Before Your Eyes – Vietnam* (still entitled "Vietnam vor Augen"), c. 1980/1981.

Harun Farocki und Ingo Kratisch bei den Dreharbeiten zu *Etwas wird sichtbar* (hier noch mit dem damaligen Titel „Vietnam vor Augen"), ca. 1980/1981.

Bruno Ganz, Harun Farocki, and Inga Humpe on the set of *Before Your Eyes – Vietnam*.

Bruno Ganz, Harun Farocki und Inga Humpe auf dem Set von *Etwas wird sichtbar*.

Imprint

Publisher: Harun Farocki Institut
Idea and Montage: Tom Holert
Managing Editor: Elsa de Seynes
Photo editor: Tom Holert
Translation: Michael Turnbull (Commentary: "A Result of Many-Poled Contiguities"; Leaflet *Before Your Eyes – Vietnam*; 6th Duisburg Film Week: Minutes of the discussion about the film); Riccardo Zito ("Has Vietnam Gone Out of Fashion?")
Proofreading: Mandi Gomez

Design: Daniela Burger, buerodb.de
Printing: Druckerei Conrad, Berlin
Fonts: Neutral BP, Excelsior
Paper: Munken Lynx, Efalin Feinleinen
Print Run: 1000
ISBN: 978-2-940524-67-9

Thanks to Antje Ehmann, Anna Faroqhi, Lara Faroqhi
and Rolf Aurich, Johannes Beringer, Graziella Chiarcossi, Klaus Gerke, Ingo Kratisch, Ulrich Ströhle.

© 2017, the authors and the Harun Farocki Institut, Berlin
Published by the Harun Farocki Institut with Motto Books

© Photos, German version: Harun Farocki (p. 22, below), Klaus Gerke (p. 21), unknown author (p. 22, above); English version: Manfred Wilhelms (pp. 20–23).

The Harun Farocki Institut thanks all copyright owners for their kind permission to reproduce their material. Should, despite our intensive research, any person entitled to rights have been overlooked, legitimate claims should be compensated within the usual provisions. Please contact info@harun-farocki-institut.org

Before Your Eyes – Vietnam, 1982, 35 mm, b/w negative, 1:1,37, sound (mono), 120 min (24 fps)/ 115 min (25 fps), subtitles in English and French. DCP, 116 min, subtitles in English, Spanish and Portuguese. Film distribution: Basis-Film Verleih, Berlin (for Germany); Deutsche Kinemathek, Berlin (worldwide)

www.harun-farocki-institut.org
HaFI 005

Harun Farocki Institut

Previous Publications
HaFI 000: A Day at the Archive—video, 5:36 min, color, January 2016
HaFI 001: "Etwas wird sichtbar"—handout, Din A4, February 2016
HaFI 002: Harun Farocki: What Ought to Be Done—44 pages, Din A5, August 2016
HaFI 003: Harun Farocki: On Display: Peter Weiss. A Production Dossier—60 pages, 17,9 x 25,3 cm, November 2016
HaFI 004: Gerhard Benedikt Friedl: An Approach by Helmut Färber—32 pages, 12 x 18 cm, May 2017

Impressum

Herausgeber: Harun Farocki Institut
Idee und Montage: Tom Holert
Redaktion: Elsa de Seynes
Bildredaktion: Tom Holert
Lektorat: Katrin Günther
Gestaltung: Daniela Burger, buerodb.de
Druck: Druckerei Conrad, Berlin
Fonts: Neutral BP, Excelsior
Papier: Munken Lynx, Etalin Feinleinen
Auflage: 1000
ISBN: 978-2-940524-67-9

Dank an: Antje Ehmann, Anna Faroqhi, Lara Faroqhi und Rolf Aurich, Johannes Beringer, Graziella Chiarcossi, Klaus Gerke, Ingo Kratisch, Ulrich Ströhle.

© 2017, die Autoren und Harun Farocki Institut, Berlin
Veröffentlicht von Harun Farocki Institut mit Motto Books

© Fotos, deutsche Version: Harun Farocki (S. 22, unten), Klaus Gerke (S. 21), unbekannte*r Autor*in (S. 22, oben); englische Version: Manfred Wilhelms (S. 20–23).

Das Harun Farocki Institut dankt allen Inhabern von Bild- und Textnutzungsrechten für die freundlichen Genehmigung der Veröffentlichung. Sollte trotz intensiver Recherche ein Rechteinhaber nicht berücksichtigt worden sein, so werden berechtigte Ansprüche im Rahmen der üblichen Vereinbarungen abgegolten. Bitte kontaktieren Sie info@harun-farocki-institut.org.

Etwas wird sichtbar, 1982, 35 mm, Schwarz-Weiß-Negativ, 1:1.37, Ton (mono), 120 min (24 fps)/ 115 min (25 fps), Untertitel in Englisch und Französisch, DCP, 116 min, Untertitel in Englisch, Spanisch und Portugiesisch. Filmverleih: Basis-Film Verleih, Berlin (für Deutschland); Deutsche Kinemathek, Berlin (weltweit)

www.harun-farocki-institut.org
HaFI 005

**Harun
Farocki
Institut**

Bisher erschienen:
HaFI 000: Ein Tag im Archiv – Video, 5:36 min, Farbe, Januar 2016
HaFI 001: Etwas wird sichtbar – Info-Blatt, Din A4, Februar 2016
HaFI 002: Harun Farocki: Was getan werden soll – 44 Seiten, Din A5, August 2016
HaFI 003: Harun Farocki: Zur Ansicht: Peter Weiss. Dossier zur Produktionsgeschichte – 60 Seiten, 17,9 x 25,3 cm, November 2016
HaFI 004: Gerhard Benedikt Friedl: Ein Herangehen von Helmut Färber – 32 Seiten, 12 x 18 cm, Mai 2017

Titelblatt der *Filmkritik* vom Januar 1982.

Cover of *Filmkritik*, January 1982.

Oben: Harun Farocki vor seinem VW-Bus mit Werbetafeln für *Etwas wird sichtbar*, 1982. Unten: Graffiti von Harun Farocki an der Brandmauer in der Lietzenburger Straße/Ecke Welserstraße in Westberlin, 1982.

Above: Harun Farocki in front of his VW bus with billboards for *Before Your Eyes – Vietnam*, 1982. Below: Graffito by Harun Farocki on the fire wall on the corner of Lietzenburger Straße and Welserstraße in West Berlin, 1982.

Material

Ansicht der Kurzperformance zu *Etwas wird sichtbar* im Foyer des Delphi-Kinos, Westberlin, während der Berlinale, vermutlich am 21. Februar 1982.

View of the short performance of *Before Your Eyes – Vietnam* in the foyer of the Delphi theater, West Berlin, during the Film Festival, probably on February 21, 1982.

Fotos

Harun Farocki und Ronny Tanner bei einer Kurzperformance im Foyer des Delphi-Kinos, Westberlin. Standbild aus einer sechsminütigen Dokumentation (16-mm-Umkehrfilm, Farbe und Ton), von Harun Farocki als „Ronny und Harun spielen Theater" betitelt, aber ohne weitere Autorenangaben. Die Filmrolle wurde 2015 im Archiv des Harun Farocki Instituts gefunden und im Oktober 2016 digitalisiert.

Harun Farocki and Ronny Tanner in a short performance in the foyer of the Delphi theater, West Berlin. Still from a six-minute documentary (16-mm reversal film, color and sound) entitled "Ronny and Harun Act Up," but without further authorial information. The film reel was found in 2015 in the archive of the Harun Farocki Institute and digitalized in 2016.

Harun Farocki verteidigte, auf die systematische Entleerung der Filmbilder angesprochen, ausdrücklich sein Verfahren mit dem Hinweis, daß man gegenüber der ausstattungsgeladenen Bilderfülle sowohl der täglichen Informationsmedien wie auch der temperamentvollen neueren (deutschen) Spielfilme, gerade in der Darstellung von Beziehungen mehrer Personen in einem Film (und ihrer Beziehungen zu Gesellschaft, Geschichte, Politik) auf der Abstraktheit dieser Beziehungen auch filmisch beharren müsse. Er glaube nicht (mehr), daß in Filmen wie auch in Beziehungen sog. „ganze Menschen" miteinander verkehren, sondern allenfalls Bruchstücke.
Man müsse also sehr viele Alltagssignale aus der Ausstattung des Films, aus Spielen, Sprechen, Handeln der Schauspieler entfernen im Interesse der Intensivierung der Auseinandersetzung mit weniger Bild. In diesem Zusammenhang fiel unter anderem das Stichwort der „nouvelle cuisine".
Daran anknüpfend vertrat Dietrich Leder die Ansicht, daß die bewußte Reduktion, die Harun Farocki in seinem Film unternehme, wohl ein richtiges Moment darstelle, diese Reduktion, die sich auch in der ausschließlich sprachlich verlaufenden Reflexion über Wahrheit und Unwahrheit der Bilder zeige, jedoch in diesem Film zu einer eher bemühten Getragenheit der Darstellung geführt habe. Was in dieser spezifischen Form der Reduktion bleibe, sei recht eigentlich bloßer Text, von den Darstellern in mittlerer Sprechlage vorgetragen.

Abschließend antwortete Harun Farocki auf die Frage, welches sein spezifisches Interesse gewesen sei, diesen Film zu machen, der Film sei nicht einem bestimmten Interesse zu verdanken, er stehe vielmehr im Kontinuum seiner Arbeit, er habe sich aus den vielpoligen Zusammenhängen seiner sonstigen Tätigkeit ergeben; das hervorgehobene „Motiv" interessiere dabei weniger.

Protokollant: Jochen Baier

W. Roth kam nochmals auf die unterkühlte Stimmung des Films zurück, die sich zwischen Feierlichkeit und Trauer bewege. Dadurch, so Roth, daß dem Film das Element der Ironie fehle, er in zunehmendem Maße lediglich noch schön wirke, verbleibe er auch im feierlich Stimmungsreichen. Was darüber verlorengehe, sei die Auseinandersetzung mit den Erfahrungen mit der und in der Protestbewegung gegen den Vietnam-Krieg.
Dieser Aspekt, der mit dem in der Diskussion mehrfach geäußerten Eindruck zusammentrifft, daß der Film besonders in denjenigen Szenen, in denen die beiden Protagonisten auftreten, eine gewisse kalte Feierlichkeit und manierierte Stilisiert-heit vortrage, brachte gegen Ende der Diskussion die Zweifel an Farockis hermetischer Erzählweise noch einmal gebündelt zusammen.

6. Duisburger Filmwoche '82, 8.–13. November
filmforum am Dellplatz

ETWAS WIRD SICHTBAR
von Harun Farocki
Di, 9.11.1982
11.00 Uhr

Protokoll der Filmdiskussion:

Als Einstieg in die Diskussion rechtfertigte Dietrich Leder als Diskussionsleiter und Mitglied der Programmkommission die Vorführung des Films, der im Rahmen der Duisburger Filmwoche gezeigt wurde, obwohl er bereits im „Forum" in Berlin und in einigen Kinos gelaufen ist. Die neuerliche Aufführung des Films auf einem Festival rechtfertige sich durch die Tatsache, daß er einen beispielhaften Aspekt zum Ausdruck bringe, der den Besuchern einer Dokumentarfilmwoche und insbesondere den Dokumentaristen zu Bedenken hinsichtlich ihres Umgangs mit (Film-)Bildern Anlaß geben könnte. Dieser Aspekt sei die Skepsis, die „Etwas wird sichtbar" thematisch wie auch in seiner Form gegenüber der verbreiteten Rede von der „Wahrheit der Bilder" ausdrücke.
Sehr viele Dokumentarfilme zeigen einen Umgang mit den dokumentarischen Bildern, der diese Bilder einerseits als „wahr" und „wahrhaftig" präsentiere, andererseits dieselben Bilder (gerade in ihrem Wahrheitsanspruch) als rhetorische Argumente in der Rede des Films benütze.

Dieser Aspekt der argumentativen Nutzung der Bilder und die Zweifel an Harun Farockis Versuch, diese rhetorische Ausnutzung von Bildern zu vermeiden und gleichzeitig zu reflektieren, bildete das bestimmende Thema der nachfolgenden Diskussion. In diesen Zusammenhang gehören nach Auffassung des Protokollanten auch die verschiedentlich geäußerten Bedenken gegenüber der Darstellung des Vietnam-Konfliktes im Film.

So monierte insbesondere Arnold Sieber (UNIDOC), daß der Film sein inhaltlich-geschichtliches Thema (die intellektuelle westeuropäische Auseinandersetzung mit dem Vietnam-Konflikt) in larmoyantem „Gejammer über den Verlust des Spielzeugs" der vergangenen „Revolutionsromantik" präsentiere. Farocki sah in diesem Diskussionsbeitrag einen Pattern, der ihm in vielen Diskussionen über seinen Film begegnet sei; er wehre sich aber entschieden gegen solche eindeutige Zuordnung der Filmbilder zu bestimmten Ideen, die als solche mit dem Instrumentarium von Filmen nichts zu tun hätten. Es gehe ihm in „Etwas wird sichtbar" nicht um die Erforschung einer bestimmten Konjunktur (der Stimmungen, d. Protokollant), sondern um die Erforschung eines menschheitsgeschichtlich äußerst bedeutsamen Vorganges, nämlich des Kampfes eines scheinbar allseitig unterlegenen Volkes gegen einen hochgerüsteten Besatzer und des Siegs dieses Volkes. Diesen Vorgang und seine Spiegelung in der westeuropäischen Diskussion zu untersuchen habe ihn interessiert. Man solle sich, so Harun Farocki weiter, auch nicht auf die zwei Protagonisten des Films kaprizieren, diese verschwänden vielmehr über weite Strecken des Films in ihren eigenen Nachforschungen zum Gedanken des Partisanenkrieges. Es gehe dem Film also um Ideengeschichte. Er forsche einer Idee nach: Europa blickt auf einen Partisanenkrieg – was wird daraus?

In der Frage, wer aus dem Vietnam-Konflikt und aus dem Partisanenkampf des Vietcong wirklich <u>gelernt</u> habe, sei beispielsweise festzustellen, daß die Strategen des „industrial engineering", der Maschinenkonstruktion, mehr von der Reserven- und Nischenausnützung der Partisanen gelernt hätten als linke Diskussionszirkel. Diese Darstellung der Erfahrungslosigkeit, die Farocki in seinem Film versucht, versteht er demzufolge zugleich, wie er sagte, als Beschwörung: Das in diesen Maschinen Eingefrorene aufzutauen.

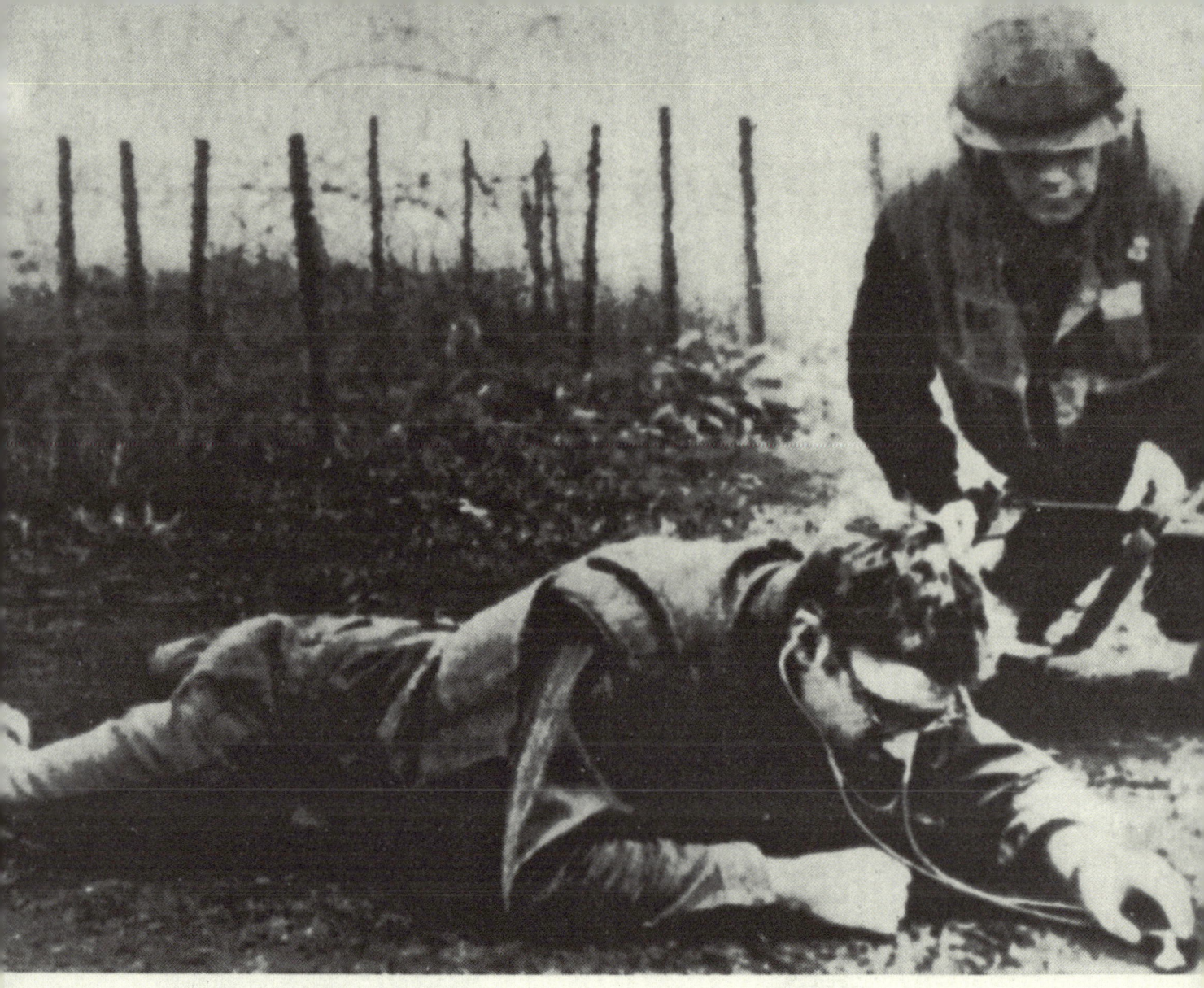

"Ein interessantes Bild: der amerikanische Soldat hat ein Hörrohr, um zu hören, ob Tunnel in der Erde sind, durch die sich der Vietkong bewegt. Wie ein Arzt. Das Bild sagt: der Vietkong, das ist die Krankheit, die Vietnam befallen hat, der amerikanische Soldat ist der Arzt, der das Land wieder gesund macht.
Und das Bild sagt etwas zweites: der Vietkong ist das Blut, das in den Adern Vietnams fließt. Der Herzschlag."

BERLINER ERSTAUFFÜHRUNG

Ab 26.2.82.
Tägl. 20.30

U-Bhf. Walther-Schreiber-Platz
Bundesallee 111
☎ 852 30 04

Cinema

Ausleihe und Informationen zum Film bei:

Basis-Film Verleih GmbH, Güntzelstr. 60, 1000 Berlin 31, Tel. 030/853 30 37

Basis-Film Verleih GmbH

ETWAS WIRD SICHTBAR

Film von Harun Farocki, 35 mm, s/w, 25 B/s, 114 Minuten.

Darsteller in der Reihenfolge ihres Auftretens:

Anna Mandel
Marcel Werner
Hanns Zischler
Inga Humpe
Bruno Ganz
Ernst Helter
Minf HuToMo
Jaff Layton
Ronny Tanner
Hartmut Bitomsky
Rainer Homann
Olaf Scheuring
Michael Wagner
Manfred Lindlbauer
Klaus Henrichs
Ingrid Oppermann
Elfriede Irrall
Nrank Arnold
Jacques Thiti
Ursula Hoffmann
Nannette Lorraine Schumacher
Gisela Stelly
Klaus Wohlfart
Willem Menne

Kamera	Ingo Kratisch
	Wolf-Dieter Fallert
	Ebba Jahn
Ton	Rolf Müller
	Manfred Blank
Mischung	Gerhard Jensen
Musik	Markus Spies
Ausstattung	Ursula Lefkes
Assistenz	Marion Lange
	Karl-Heinz Wegmann
Schnitt	Johannes Beringer
Produktionsleitung	Ulrich Ströhle

Filmografie Harun Farocki, Auswahl:

Die Worte des Vorsitzenden, 1968
Nicht löschbares Feuer, 1969
Die Teilung aller Tage (zus. mit H. Bitomsky), 1970
Eine Sache, die sich versteht (zus. mit H. Bitomsky), 1971
Der Ärger mit den Bildern, 1973
Erzählen (zus. mit I. Engström), 1975
Zwischen zwei Kriegen, 1977
Der Geschmack des Lebens, 1979
Etwas wird sichtbar, 1981

Etwas wird sichtbar

Harun Farocki im Gespräch mit Rosa Mercedes

M: In diesem Film gibt es zwei Dinge, die Liebe zwischen Anna und Robert und den Krieg in Vietnam.

F: Das ist zunächst nichts Besonderes. In jedem Kriegsfilm gibt es Liebe (allerdings nicht in jedem Liebesfilm Krieg). Das ist eine Produzentenregel; wer sich für das eine nicht interessiert, hat vielleicht noch was vom anderen. Ich habe diese Regel angenommen und Beziehungen zwischen dem Einen und dem Anderen gesucht. Ausgeschlossen war nur: die Liebe, das ist der Krieg, dieses metaphorische.

M: Eine Beziehung ist: eine Weile ist der Vietnamkrieg nahe. Man denkt jeden Tag an ihn. Dann rückt er wieder in die Ferne, es bleibt nur ein Gefühl zurück, man habe etwas verloren, sich und den Faden. Einen solchen Ablauf kennt man. So spricht man von einer Liebe, aber kaum je von einem Krieg. Der Krieg wird also hier in die Terminologie der Liebe gefaßt, Wörter, die sonst nur auf die Liebe angewendet werden, auf den Krieg verwendet. Die Dinge haben eine Kontur, dann werden sie wieder undeutlich, man entdeckt, daß man eher ihre Wunschgestalt wahrgenommen hat, nicht sie selbst. Da gibt es eine Parallele, wie man einen Menschen wahrnimmt und einen Krieg, einen revolutionären.

F: Ich wollte es nicht parallel machen, ich wollte nicht, daß das eine immer dann einspringt, wenn man mit dem anderen nicht weiterkommt. Ich wollte, daß die Liebe die eine Koordinate ist und der Krieg die andere. Zwischen diesen beiden Koordinaten ist ein (tendenziell unbegrenztes) Feld. Das Feld der Vorstellung. Auf diesem bewegen sich einige Dinge: die Begriffe Trennen/Verbinden, die Frage, was ein Bild sei, der Gegensatz von Maschinenarbeit und Handwerksarbeit.

M: Es geht wohl auch um die Treue.

F: Ja, was so leicht üblich ist, wenn die Liebe scheitert, zu sagen: wir paßten nicht zusammen, oder neuere Wörter zur Erklärung des Ganzen, das gibt es auch in der Politik. Seit es Revolutionen gibt, gibt es eine Begeisterung, dann die Enttäuschung. Wie konnte ich nur so blind sein.

M: Der Film handelt auch davon, daß man treu sein kann, indem man trennt, und indem man nicht an einer falschen Verbindung festhält.

F: Ja, es gibt den Krieg in Vietnam. Dann gibt es zwei Menschen hier. Sie sagen sich: Ho Chi Minh sagt: wer kein Gewehr hat, nehme sich eine Hacke, und weil sie nicht einmal eine Hacke haben, kein Messer, wollen sie wenigstens eine Anschauung von dem Krieg gewinnen und den Krieg hier fortsetzen. Ihn fortsetzen, indem sie die Bilder aus Vietnam durch Bilder von hier ersetzen. Also den Krieg hier fortdenken. Das zerbröckelt ihnen. Man versucht etwas aus Ton zu formen, aber etwas ist falsch, bevor die Form da ist.

F: Die Vietnamesen mußten mit amerikanischen Waffen kämpfen, also amerikanisch kämpfen. Aber es war ein Versuch, sich etwas zurückzuholen, was an der falschen Stelle ist.

M: Es bleibt die Hoffnung, die Beraubten holen sich ihre Güter zurück.

F: Ja, sie plünderten die kleinasiatischen Städte und zerstörten sie, plünderten sie, machten Wissenschaftler zu Sklaven und wurden große Mathematiker dadurch.

M: Es bleibt die Hoffnung, die Beraubten holen sich ihre Güter zurück. [?]

Schwäche, die eine Qualität ist, die von dem Partisanenkrieg in Vietnam angestoßen sind, werden heute eher unter Technokraten gedacht und behandelt als unter Guerillas hier. Im übrigen ist das nichts neues, die Griechen überfielen die kleinasiatischen Städte und zerstörten sie, plünderten sie, machten Wissenschaftler zu Sklaven und wurden große Mathematiker dadurch.

F: Ja, es ist ein Film über den Austausch. Die CIA-Bücher sprechen besser vom Vietkong als die Bücher der Kriegsopposition können. Die Ideen von der Schwäche, die eine Qualität ist, die von dem Partisanenkrieg in Vietnam angestoßen sind, werden heute eher unter Technokraten gedacht und behandelt als unter Guerillas hier. [...]

M: Es gibt bei Ihnen einen Mann, der redet über Bilder und Geräusche, wie es vielleicht Godard tun könnte. Aber es handelt sich nicht um Godard, sondern um einen amerikanischen GI, der in der Gefangenschaft der Vietnamesen ist.

F: Ja, man spricht immer von etwas. Als wir diesen Film drehten, gab es den 30. April, also den Tag, an dem der Vietkong nach Saigon kam. Davon haben wir aber nicht gesprochen beim Drehen. Wir haben überhaupt nicht über die Politik gesprochen, eher über die Liebe unter den Filmleuten und über die Nichtliebe, also das Geld, das Essen und so weiter.

M: Der Film handelt auch davon, daß man treu sein kann, indem man trennt, und indem man nicht an einer falschen Verbindung festhält.

sprach: Anna: zwei Liebende können sich stumm umarmen, und es ist wie ein Gespräch. Oder sie sprechen miteinander, und es ist wie eine Umarmung. Oder sie stehen weit voneinander weg und sprechen, und es ist wie eine Umarmung. Anna und Robert sind nicht bei der Liebe zu sehen, beim Liebe versuchen, sondern beim Versuch, miteinander zu sprechen. Etwas anderes ist: in dem Film sagt Anna: zwei Liebende können sich stumm umarmen, und es ist wie ein Gespräch. Oder sie sprechen miteinander, und es ist wie eine Umarmung. Oder sie stehen weit voneinander weg und sprechen, und es ist wie eine Umarmung. Leider setzen sie dies in die Tat um, indem sie ihren Hochschulabschluß einmal ein Kapitel richtig abschließen.

M: Weniger nächtlich ausgedrückt: ich kenne viele Leute, die sagen, mein Leben besteht aus lauter Abbrüchen, ich müßte einmal ein Kapitel richtig abschließen. Leider setzen sie dies in die Tat um, indem sie ihren Hochschulabschluß machen.

F: Bei mir versucht man immer, die Bilder und die Wörter auseinanderzuhalten. Man sagt gerne zu mir: aber schöne Bilder. Man muß bedenken, daß heutzutage jeder ABER sagt, man sagt, man habe eine schöne Frau, als wäre das entgegen einer Grundererwartung. Wie man von einer Frau sagt: aber gut ficken kann sie, sagt man von mir: aber schöne Bilder.

M: Anna hingegen will trennen. Sie will nicht, diese ganzen Wenns und Abers. Sie will Ideen isolieren, aus dem schlechten Zusammenhang herauslösen, darum sagt sie "trennen" und nicht "auseinanderhalten". Die Chinesen sagten unter Mao über Stalin 70:30, also Stalin war zu 70% gut und zu 30% schlecht. Diese Rechnungen will sie nicht machen.

Idee treu zu sein heißt, sie nicht schnell gegen eine günstigere andere auszutauschen. Man muß vielleicht bereit sein, auch den Tod einer Idee auszuhalten, ohne wegzulaufen. Treu sein heißt, auch beim Sterben dabei zu sein.

zu glauben, der Vietkong könnte ein besseres Regime schaffen." Man sagt blind, denn die Liebe macht blind. Aber einer Idee treu zu sein heißt, sie nicht schnell gegen eine günstigere andere auszutauschen.

zerfällt das Material. Robert versucht nun, an der Idee festzuhalten, er untersucht, ob die Ideen in anderer Gestalt fortleben.

"Warum ist das so: Wenn man sich umarmt, dann schweigt man, wenn man anfängt zu denken und zu sprechen, löst man die Umarmung. Oder noch schlimmer: zwei Liebende sprechen zusammen. Auf einmal haben sie keine Idee mehr: da umarmen sie einander.
Aber die Liebe und die Politik zu verbinden, das hieße doch beides zu tun – gleichzeitig.
Nein, so ist das nicht richtig. Zwei Liebende können einander stumm umarmen und das ist wie ein Gespräch. Oder sie stehen weit voneinander weg und sprechen und es ist wie eine Umarmung."

Etwas wird sichtbar

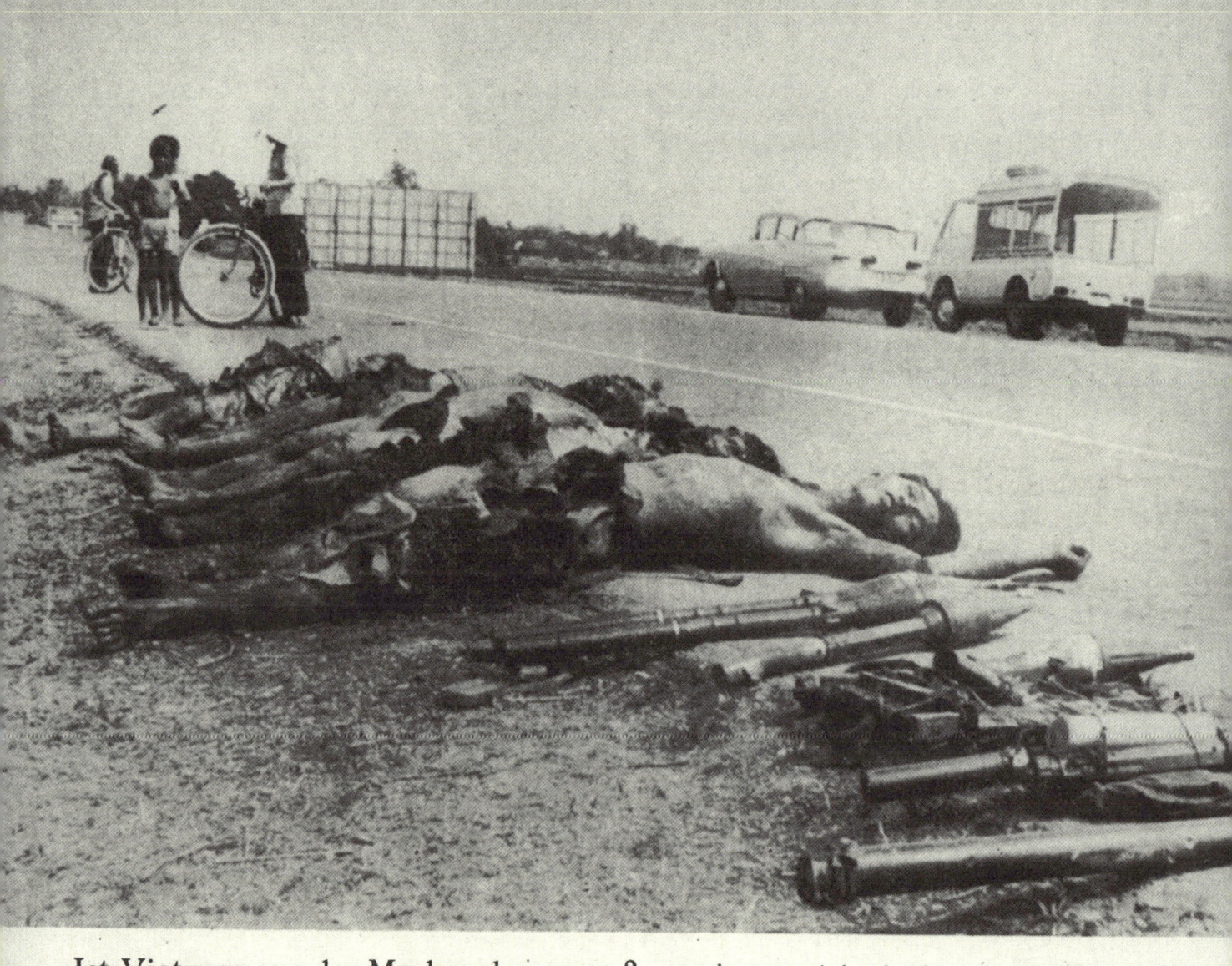

Ist Vietnam aus der Mode gekommen?

Seit einiger Zeit scheint das Wort "Vietnam" aus den Schlagzeilen der Zeitungen verschwunden. Die Dringlichkeit, Beharrlichkeit und Ostentation, mit der dieses Thema "Schlagzeilen" machte, ist einer beiläufigen "Routine", zumindest aber einer gewissen Ruhe gewichen. Wenn irgendein Verrückter auf die Idee käme, eine philologische Untersuchung über die Häufigkeit des Wortes Vietnam in der Chronik der letzten Jahre anzustellen, und er das Ergebnis nach politischen Parteien, Zeitungen, Privatpersonen etc. aufgliedern würde, dann hätte er eine Statistik vor sich, die eine perfekte Vorstellung des politischen und moralischen Klimas vermitteln würde, in dem wir damals gelebt haben. Schade nur, daß aus dieser Untersuchung nicht hervorgehen würde, wir oft das Wort "Vietnam" mündlich verwendet worden ist.

Ich kann mit absoluter Sicherheit sagen, daß ich in der Liste der Personen, die dieses Wort benutzt haben, an letzter Stelle stünde (sowohl das schriftliche als auch die mündliche Verwendung angeht: schriftlich habe ich es ganz sicher nicht öfter als drei Mal benutzt.) Und darauf bin ich stolz. Denn in den meisten Fällen wurde das Wort Vietnam in demagogischer oder erpresserischer Absicht, aus Pflichtgefühl, aus Moralismus, weil es eben gerade "in" war, oder mit dem Ziel benutzt, zu instrumentalisieren oder sich instrumentalisieren zu lassen; es wurde in eitler, hochmütiger und konformistischer Weise verwendet. Es war das allgemeine, zugleich diffuse und differenzierte, majoritäre und elitäre Verlangen, sich von einer Schuld reinzuwaschen.

Eine rabiate Scham hat mich immer davon abgehalten, den Namen Vietnam zu mißbrauchen: so wie es in den Zehn Geboten heißt: "Du sollst den Namen des Herrn nicht mißbrauchen." Nun aber, da die schändliche Vietnam-Mode für kurze Zeit (sicher nicht endgültig) aufgehört hat, nun, da die Vietkong, und sei es auch nur für einen kleinen Augenblick, in den Hintergrund getreten sind und nicht mehr so viel mit uns zu tun haben (es ist derzeit zweckmäßiger, über die mexikanischen Studenten zu sprechen), nun will ich diesem kleinen und erhabenen Volk meine Liebeserklärung machen. Während sich die Avantgarde in Europa in Scheingefechten übt (Scheingefechte deshalb, weil sie objektiv verfrüht sind, denn allenthalben in Europa, außer in England, herrscht der Faschismus in seiner verschiedenen Ausprägungen), wird im fernen Vietnam ein "Nachhutgefecht" geführt, das heißt, es wird in erster Linie um so geringe und elementare Dinge wie Freiheit und Unabhängigkeit gekämpft. Nun will ich nicht meinerseits erpresserisch sein. Ich will nur dazu auffordern, realistisch zu sein. Und ich wende mich dabei vor allem an die Menschen meines Alters, denen wie mir das Los beschieden ist, sich in einer Zeit "erfüllen" zu müssen, die völlig anders ist als die, in der ihr Leben begann.

Nein: für sie ist es immer noch die alte Zeit und sie haben ihre alten Schlachten zu schlagen. Eben weil sie noch auf der Welt sind, bleiben viele der Ideen, die ihre Zeit geprägt haben weiterhin real. So hat sich ihre Zwiespältigkeit immer mehr verschärft, bis sie dramatisch, je sogar tragisch geworden ist. Denn sie können ja nicht umhin, zu erkennen und begreifen, daß eine neue Zeit begonnen hat, aber nur in der alten können sie sich "erfüllen". Dies ist kein Generationsproblem.

Auch wenn die Studenten an den Universitäten "Ho Chi Minh" rufen, gehören die Bauern und "Helden" des Vietkong doch der alten Zeit an. Ich habe das Wort "Helden" in Anführungszeichen gesetzt, denn Basaglia hat mir erzählt, daß eine Patientin in seiner psychiatrischen Klinik gesagt hat, Helden seien ein Produkt repressiver Gesellschaften.

Pier Paolo Pasolini

Aus: DAS CHAOS – ÖFFENTLICHE BEKENNTNISSE
erschienen im MEDUSA–VERLAG 1981

Es wird sichtbar: die Beziehung zwischen Anna und Robert und Vietnam.
Liebe und Krieg als zwei Punkte im Koordinatensystem.
Vietnam ist scheinbar weit weggerückt. Über Bilder und ihre Arbeit lassen Anna und Robert den Krieg wieder näherkommen – Vietnam in Berlin.
Sie scheitern daran; in ihrer Beziehung und in ihrer Arbeit – dahinter liegt aber neue Erkenntnis, eine neue Verbindung.

"Ich hatte in den vergangenen (...) Jahren in meinem Kopf, unter der Haut, in der Magengrube ein Vietnam geschaffen und es ertragen. Aber das Vietnam, an das ich gedacht hatte, war kaum ausgefüllt. Es war im Grunde nichts als die Form, in die Amerika sein Siegel schnitt."

Susan Sontag

Etwas wird sichtbar

"Wie unerlaubt das aussieht, ein Bild von uns zwischen den Bildern vom Krieg.
Wie in einem Kriegsfilm: eine erregende Liebesgeschichte vor dem Hintergrund von Krieg und Völkermord.
Es sieht so obszön aus, weil wir unverletzt sind. Die Opfer auf diesen Bildern hier sind blutig, die Täter sind alle unverletzt."

Etwas wird sichtbar

Etwas wird sichtbar

FILM VON HARUN FAROCKI
BASIS - FILM VERLEIH BERLIN

das ist das blut des amerikanischen soldaten, der auch ein wissenschaftler ist, das ist blut der attentäterin.

als beide tot daliegen, sind zwei detektive da, der eine blättert in dem buch 'strategy for survival', das von kissinger inspiriert ist, aber mehr aufschluß über den kampf der vietnamesen gibt, als dies irgend ein kriegsoppositioneller kann.

das mädchen hat gesagt: der anfang einer untersuchung ist, daß man ideen verbindet, das ende ist, daß man eine idee herauslöst, isoliert, und hat den revolver auf den amerikanischen kriegs-wissen- schaftler gerichtet.

während seines langen sprechens hat der mann hinter dem rücken ein rasiermesser herausgezogen.

das mädchen hat auf die sieben-uhr-nachrichten gewartet, in der hoffnung, daß es da schießereien gibt, in denen ihr schuß untergeht.

der mann hat gesagt, mit hegel argumentierend: in diesem krieg hat sich der vietnamese auf das herrlichste dargestellt. warum pflügt man ein feld? damit die erde mehr oberfläche bietet, die ame- rikanischen bomben haben vietnam gepflügt, dadurch ist es größer und sichtbarer geworden.

das mädchen ist in das zimmer gekommen und hat den revolver gezogen.

das ist claire, 22 jahre alt, schlank und biegsam, oder judy aus dem mittelwesten oder francesca aus der glut der sonne mexicos.

das ist jackson, 1961 mit den franzosen in algier oder rosenblum, 1964 im krieg gegen nordvietnam 1967 beim aufbau der antiguerilla einheiten in venezuela.

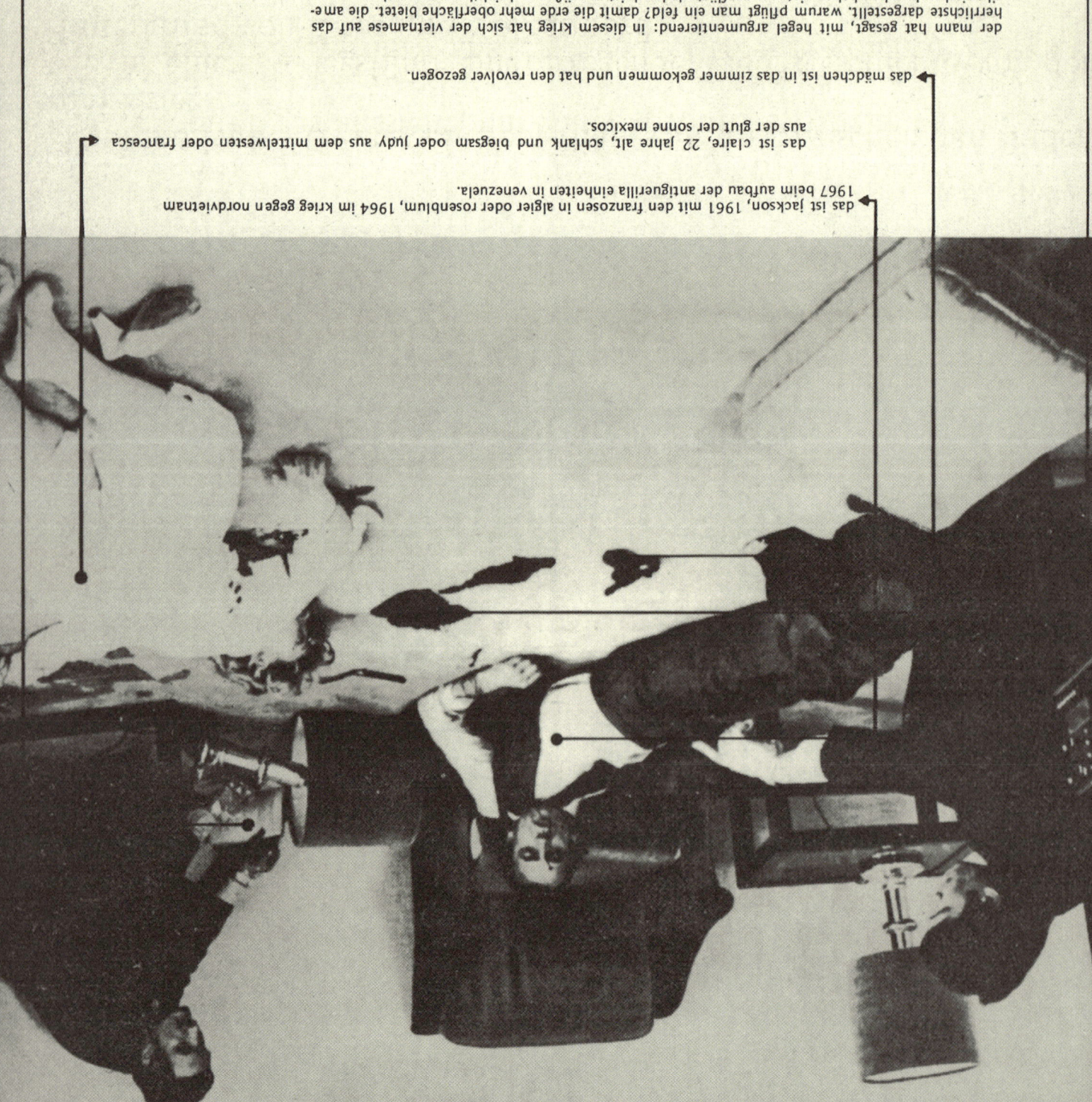

Folgende Seiten: Faltblatt zu *Etwas wird sichtbar* von 1982, herausgegeben von Basis-Film Verleih und Harun Farocki.

von ihm ausgelösten Forschung und Berichterstattung, in der *Filmkritik*-Ausgabe vom Januar 1982. Deren Titelbild zeigte ein Foto von Sturmgewehre schulternden Vietcong bei der Arbeit im Reisfeld über einer handschriftlichen Grafik, die den Vergleich (im Film am Beispiel der Agrarwirtschaft angestellt) zwischen dem veranschaulichen soll, was Farocki jeweils als die vietnamesische und als die US-amerikanische Produktionsweise charakterisiert.[8] Für uns war es jedoch neben „Ronny und Harun spielen Theater" vor allem das achtseitige Faltblatt, das Farocki mit dem Basis-Film Verleih Berlin produziert hatte, was das vorliegende *HaFI 005* motivierte – es annähernd in Originalgröße wiederzugeben, schien ein guter Grund. Dieses Faltblatt, das Farocki nach der kurzen Aufführung im Delphi an das Publikum verteilte, enthält nicht nur Szenenbilder und Besetzungsliste von *Etwas wird sichtbar*, sondern ist eine elaborierte Text-Bild-Montage, ein digressiv-didaktisches Press kit, eine Materialiengabe:[9] Es bietet Auszüge aus dem Drehbuch des Films, ein Zitat aus Susan Sontags Buch *Trip to Hanoi* von 1969, einen Abschnitt aus einer 1968 erschienenen Kolumne von Pier Paolo Pasolini, ein Interview mit Farocki, geführt von dessen Alter Ego „Rosa Mercedes", und – als Covermotiv – ein mit vielen Erläuterungen zu einem quasitechnischen Bild aufgerüstetes Foto der letzten Einstellung des Films.

Ergänzend wird in dieser Ausgabe der HaFI-Schriftenreihe das Protokoll einer jener Filmdiskussionen dokumentiert, die Farocki nach der kurzen Werbeperformance für *Etwas wird sichtbar* zu vermeiden wusste, die aber im Anschluss an eine Vorführung in Anwesenheit des Regisseurs nun einmal rituell veranstaltet werden. Gegen Ende des Jahres, am 9. November 1982, wurde der Film, nachdem er in den zurückliegenden Monaten bereits auf Festivals und im Kino gelaufen war, auf der 6. Duisburger Filmwoche gezeigt, und Farocki musste sich kritischen Einwänden stellen. Seiner Reflexion über die Widersprüchlichkeiten der Beschäftigung mit dem Krieg in Vietnam nur wenige Jahre nach dessen Ende 1975, noch dazu aus der Perspektive Westberliner Intellektueller, wurde vorgehalten, sie betrauere lediglich larmoyant den Verlust eines Objekts der politischen Mobilisierung der 1968er-Bewegung. Farocki erwiderte, ihm sei es um etwas anderes gegangen: um eine Ideengeschichte, um die Lehren, die der Westen aus den Taktiken des Vietcongs gezogen hätte, ein Wissen über „Reserven- und Nischenausnützung" der Partisanen, das in die Methoden des *industrial engineering* eingegangen sei, sodass, wie sich ergänzen ließe, die nordvietnamesische Guerilla zur unfreiwilligen Zuträgerin eines kapitalistischen, in Maschinen und Methoden verkörperten General intellect werden konnte.

Zum Ende der Duisburger Diskussion machte Farocki eine auch für die konzeptionelle Arbeit am und im Archiv des HaFI aufschlussreiche Bemerkung, die wie folgt protokolliert wurde: *Etwas wird sichtbar* „sei nicht einem bestimmten Interesse zu verdanken, [der Film] stehe vielmehr im Kontinuum seiner Arbeit, er habe sich aus den vielpoligen Zusammenhängen seiner sonstigen Tätigkeit ergeben; das hervorgehobene ‚Motiv' interessiere dabei weniger." Ins Allgemeine gewendet: Der einzelne Film, das einzelne Werk, wäre damit nicht als ein in sich abgeschlossenes Resultat einer bestimmten Themenkonjunktur oder Auftragslage zu verstehen, sondern als modularer Bestandteil einer umfassenden, auf lange Sicht und offen angelegten Forschungstätigkeit, für die die Bibliothek so wichtig ist wie das Kino, der Schneidetisch, die Reise oder das Gespräch.

Tom Holert, Doreen Mende,
Volker Pantenburg

zu den „operativen Bildern" der Militärtechnologie oder zu den algorithmischen Architekturen von Computerspielen erahnen. Man kann den Wunsch verstehen, nach diesem Destillat eines ganzen bildtheoretischen Programms (dessen von Farocki angedeutete Ausweitung auf die Dimension der Geräusche eine eigene Studie wert wäre) erst einmal innezuhalten, die Sache stehen zu lassen. Als es dann doch zu einer Wortmeldung aus dem Publikum kommt, reagiert Farocki etwas überrascht, fast abweisend: „Diskussion schon beim Trailer?" Dann hört er zunächst weiter zu (während sich die Zuschauer*innen ringsum zügig zerstreuen), wie einer der Anwesenden eine Verbindung zwischen den Anschlägen der „Rote Armee Fraktion" (RAF) auf US-amerikanische Militärbasen in Deutschland und einem angeblichen Auftauchen der RAF als Friedenskämpfer auf nordvietnamesischen Flugblättern zieht, beendet aber die Diskussion, bevor sie überhaupt beginnt, mit der launigen Entgegnung: „Das ist doch keine Frage. Das ist doch ne Mitteilung!"

Zwischen Sprechakten zu unterscheiden, Gesten und Aussagen zu typologisieren, eine Grammatik zu entziffern, die mediale und soziale Umwelt einer „Lektüre" zu unterziehen, gehörte zu Farockis charakteristischen Vorgehensweisen. Auch *Etwas wird sichtbar* versammelt und präsentiert eine ganze Reihe von Verfahren, sich zu den ineinander verschränkten Geschichten des Kriegs in Vietnam, der Opposition gegen diesen Krieg an einem Ort wie Westberlin, des militanten Films und der Wissenschaften vom Krieg, von der Liebe und der Arbeit in ein Verhältnis zu setzen. In einem Interview vom März 1982 spricht Farocki davon, dass er „eine methodische Kritik von Bildern und Wörtern" anstrebe, wobei es – wie bei politischen Parteien – nicht auf ein „Programm" ankomme, sondern auf die „gesamte Art und Weise" eines Vorgehens; auch für Kunstwerke gelte: „[E]s kommt darauf an, wie sie funktionieren, wie sie argumentieren, wie sie Sinn erzeugen oder auch Sinn verwischen", statt darauf, „was sie proklamieren."[6]

Hier ist nicht der Platz für eine tief gehende Analyse des Films, die von der vergleichsweise reichen Literatur ausgehen und diese erweitern müsste.[7] Vielmehr schöpft diese Publikation aus den kombinierten Archiven des HaFI und der Harun Farocki GbR, um zum einen den unmittelbaren Kontext der Werbeaktion vom Februar 1982 zu erhellen (die Teil einer ganzen, selbstorganisierten Guerilla-Marketing-Kampagne im Laufe des Jahres war, zu der Graffitis an Häuserwänden ebenso gehörten wie ein VW-Bus mit großen Werbetafeln, mit dem Farocki durch Berlin fuhr) und zum anderen die Maßnahmen, die ergriffen wurden, um die Rezeption von *Etwas wird sichtbar* zu informieren und gegebenenfalls zu lenken.

Zu diesen Maßnahmen gehörte der fulminante, 27-seitige Essay „Hund von der Autobahn", eine Synthese der Beschäftigung Farockis mit dem Krieg in Vietnam und der

---

6 Qpferdach [= Hans-Joachim Wacker], „Von der Beschwörung eines Funken. Einige Thesen Harun Farockis". Interview mit Harun Farocki, in: *die tageszeitung*, 8.3.1982, S. 14.
7 Nennenswert ist die unmittelbare kritische Rezeption (siehe etwa die zeitgenössischen Rezensionen von u. a. Michael Kötz in der *Frankfurter Rundschau* vom 22.5.1982, Hans Christoph Blumenberg in der *Zeit* vom 2.7.1982 oder Frieda Grafe in der *Süddeutschen Zeitung* vom 16.7.1982); wegweisend dann Thomas Elsaessers Essay „Working at the Margins: Two or Three Things Not Known about Harun Farocki" von 1983 (*Monthly Film Bulletin*, 50. Jg., Nr. 597, Oktober 1983; leicht geändert wiederabgedruckt in: Thomas Elsaesser [Hg.], *Harun Farocki. Working on the Sight-Lines*, Amsterdam: Amsterdam University Press, 2004), dem – nach einem längeren Intervall – seit den späten 1990er-Jahren weitere maßgebliche Artikel und Buchkapitel von Tilman Baumgärtel, Rembert Hüser, Rainer Rother, Volker Pantenburg und anderen folgen sollten.
8 Farocki 1982 (wie Anm. 5).
9 Das Faltblatt erinnert, vielleicht nicht von ungefähr, an die *Neue-Filmkunst*-Hefte, die Walter Kirchner in den 1960er-Jahren für die von ihm verliehenen Filme von Jean-Luc Godard, Straub/Huillet und anderen in Auftrag gab und von Kritiker*innen wie Herbert Linder, Frieda Grafe oder Enno Patalas redaktionell betreuen ließ.

lischen Titel entspricht) wirft nicht zuletzt die Frage nach den Archiven auf, aus denen sich dieser Film speiste und von denen er sehr offen handelt. Wie bei allen filmischen Werken Farockis führte auch hier der Weg über Lektüren und Recherchen. *Etwas wird sichtbar* zeigt zugleich beispielhaft, wie die Quellen und Materialien (und die mit diesen verbundene gedankliche Arbeit) nicht durch ein Narrativ oder eine Handlung verdeckt, sondern ihrerseits als Akteure verstanden und bewusst eingesetzt wurden.[5]

Diese Vorstellung von der aktiven Funktion, die Archivalien wie Bücher, wissenschaftliche Arbeiten, Fotografien oder TV-Footages im Filmbild übernehmen können, die sich so neben der Inszenierung, der Schauspielerei, der Kameraarbeit und der Raumgestaltung als Elemente der audiovisuellen und theoretischen Argumentation behaupten, wird auch in der Reinszenierung der Filmszene im Februar 1982 im Foyer des Delphi deutlich. Farocki forderte die anwesenden Zuschauer*innen (darunter Erika und Ulrich Gregor, die Leiter des Forums) zunächst auf, etwas näher zu kommen („wir bevorzugen die leisen Töne"), und erklärte dann in wenigen Worten, was sie in den folgenden Minuten auf der provisorischen Bühne erwarten wird: „Das hier ist der amerikanische Soldat Tanner, dargestellt von Ronny Tanner. Der amerikanische Soldat Tanner war im Luftraum über Nordvietnam unterwegs, wurde von einem Kind abgeschossen und befindet sich jetzt im Gewahrsam der nordvietnamesischen Bevölkerung. Das hier ist der Schreibtisch, um ihn herum Hunderte und Tausende neugieriger Nordvietnamesen, deren Vielzahl ich darstellen werde." Die Nordvietnamesen, so Farocki, würden dem US-amerikanischen Soldaten Fragen stellen: „Die Fragen richten sich auf das Material, das er mitgebracht hat." Beide Darsteller sind verkleidet – Tanner in grüner Militärkleidung und Fallschirmspringerausrüstung, während Farocki in einem Hemd im Schwarz der Nationalen Befreiungsfront, einem Strohhut nach Art vietnamesischer Reisbauern und der Attrappe eines Sturmgewehrs an die Stelle der zehn Darsteller*innen tritt, die im Film um den Tisch mit dem Soldaten herumstehen. Während die Szene in *Etwas wird sichtbar* überwiegend in Draufsicht, mit einer über den Köpfen der Protagonisten fixierten Kamera gefilmt ist, wurde die Dokumentation, welche die Werbeaktion festhält, mit einer sich um die gespielte Szene bewegenden Handkamera gedreht: Soldat Tanner liegt zunächst mit dem Oberkörper auf dem Klapptisch und beantwortet die Fragen, indem er unter Zuhilfenahme der Fotoabzüge eine knappe Beschreibung US-amerikanischer Luftaufklärung und darauf basierender militärstrategischer Operationen gibt: wie mehrere Fotos von Dörfern, aufgenommen über einen größeren Zeitraum, den Angreifern Anhaltspunkte über Veränderungen am Boden liefern würden, aber eben keine Aufschlüsse über „die Vielschichtigkeit des sozialen Lebens"; wie stark vergrößerte Fotografien von Schuhabdrücken zu Indizien über das Alter und die Mobilität von Vietcong-Kämpfern werden könnten. Der Soldat gibt zu bedenken, dass er längst zum Philosophen des Bildes geworden sei: „Die Philosophie fragt: Was ist der Mensch. Ich frage: Was ist ein Bild. In unserer Kultur haben die Bilder zu wenig eine Bedeutung. Die Bilder werden in Dienst genommen. Man befragt die Bilder, um Informationen zu erlangen, und nur die Informationen, die man in Worten oder Zahlen ausdrücken kann. Im übrigen glaube ich, dass die Geräusche noch weniger geachtet werden als die Bilder. Ich habe in Vietnam gelernt, auf die Geräusche zu hören. Wobei man wieder aufpassen muss, dass nicht einer kommt, und eine Musik daraus macht."

An dieser Stelle aus dem Drehbuch von *Etwas wird sichtbar* endet der Kurzauftritt im Delphi – kein schlecht gewählter Ort, um über das Schicksal der Bilder zu orakeln. In der zitierten Passage verdichtet Farocki sein Verständnis vom instrumentellen Bild als Grundlage und Funktion außervisueller Komputationen und Spekulationen. Schon hier lassen sich seine späteren Untersuchungen

Kommentar

und Hanns Zischler hatte Farocki zwei prominente Schauspieler in seinem vielköpfigen Ensemble. Aber gerade ihr professionelles Spiel sorgte für eine merkliche Differenz zu den anderen Darsteller*innen, die wie „Modelle" bei Bresson oder Straub/Huillet agierten und sprachen, etwa die beiden Hauptfiguren „Anna" (Anna Mandel) und „Robert" (Marcel Werner). Dieser Kontrast zwischen Professionalität und Laienspiel trug zu der Distanz bei, die Farocki – auch durch Vermeidung von Bildklischees, eine spartanische Ausstattung und die dialektische Montage heterogener Erzähl- und Argumentationsweisen – zu etablierten Formen und Formaten des (bundesdeutschen) Films suchte. Die Anstrengung der theoretischen Reflexion, wie sie der Darstellung im Film anzumerken ist, wurde bisweilen als Gezwungenheit wahrgenommen. Man hielt dem Film außerdem vor, die Schauwerte und

die Rhetorik der Bilder vom Krieg in Vietnam nicht nur zu reflektieren und gegen den Strich der Formeln eines US-amerikanischen Mainstreamkinos der Kriegsverarbeitung zu bürsten, sondern zudem an ihnen zu partizipieren. Im Programmblatt des Internationalen Forums des jungen Films schrieb ein gewisser Antonio Babington in einer ansonsten ausgewogenen bis positiven Besprechung: „Der Film ist reißerisch der Klischees wegen, derer er sich unauffällig, aber kaum unbemerkt bedient."[3]

Einer Aufzeichnung aus der Zeit um 1979 zufolge hatte Farocki seinen *Zwischen zwei Kriegen* – zweiten Langfilm ursprünglich als „Remake" von *Nicht löschbares Feuer* (1968/69) angelegt.[4] *Etwas wird sichtbar* trug noch den Titel „Die Befreiung"; während der Drehbarbeiten wurde dann „Vietnam vor Augen" verwendet, was dem künftigen eng-

---

3 Antonio Babington, „Vietnam-Krieg, gedreht in Berlin", in: *Programmblatt 13* [zu *Etwas wird sichtbar*], 12. Internationales Forum des jungen Films, 13.–23.2.1982, im Rahmen der 32. Internationalen Filmfestspiele Berlin, hier: www.arsenal-berlin.de/berlinale-forum/archiv/katalogblaetter/action/open-download/download/etwas-wird-sichtbar.html [12.7.2017]. – Über einen Autor dieses Namens lässt sich nichts weiter in Erfahrung bringen; der Text stammt vermutlich aus dem Umfeld Farockis oder wurde von ihm selbst verfasst.

4 „vor zehn jahren machte ich einen film *nicht löschbares feuer*, heute will ich ein remake davon machen. der film *nicht löschbares feuer* handelt von leuten der technischen intelligenz, die an der produktion von napalm teilnehmen, erfindend und ausführend. [...] vor zehn jahren gab es den weltweiten protest gegen den krieg der usa gegen vietnam. deshalb ging ich von leuten aus[,] die an der waffenproduktion teilnehmen, erfindend und ausführend. dann kommt ihre waffe zur anwendung und sie sehen das im fernsehen; sie sind betroffen. [...] das stellte weitergehend die frage nach dem zusammenhang von produktion und zerstörung. zerstört die maisproduktion in den usa die reisproduktion in vietnam, ist die arbeit in den usa und europa aggressiv[,] auch wo sie nicht kriegerisch ist? ein remake machen, wenn man sich etwas geändert hat." Harun Farocki, undatiertes Typoskript, zwei Seiten, in: Archiv Antje Ehmann/Harun Farocki GbR, Berlin.

5 Im Besonderen sind es Bücher, teilweise einzelne Texte oder Gedichte, die für Farocki Quellenmaterial und Denkanstoß waren, die er aber auch buchstäblich in Szene setzte und entsprechend aktivierte, zu Handelnden machte. Einige von ihnen werden im Abspann von *Etwas wird sichtbar* benannt (im Folgenden mit kleineren bibliografischen Korrekturen): Heiner Müllers frühes Gedicht „Bilder" aus dem Jahr 1955, in: ders., *Geschichten aus der Produktion 2. Stücke, Prosa, Gedichte, Protokolle*. Berlin: Rotbuch/Verlag der Autoren, 1974; Jon M. Van Dyke, *North Vietnam's Strategy for Survival*, Palo Alto/CA: Pacific Books, 1972; Susan Sontag, *Reise nach Hanoi* [*Trip to Hanoi*], übers. v. Anne Uhde, Reinbek b. Hamburg: Rowohlt, 1969; Frances FitzGerald, *Fire in the Lake. The Vietnamese and the Americans in Vietnam*, Boston: Little, Brown and Company, 1972; Carl Schmitt, *Theorie des Partisanen. Zwischenbemerkung zum Begriff des Politischen*, Berlin: Duncker & Humblot, 1963. – Andere Klassiker der Militärtheorie wie Carl von Clausewitz' *Vom Kriege* oder Lin Biaos *Es lebe der Sieg im Volkskrieg* liegen auf einem kleinen Tisch bereit, um von den Protagonisten Anna und Robert gelesen zu werden. Wieder andere – *Befragung eines Vietconggefangenen* von „Dr. Slote", *Soziometrie des vietnamesischen Dorfes, Soziale Wandlung durch Kolonialismus, Sekten – Minoritäten* oder *Der Einfluss Chinas und der Konfuzianismus* – sind auf dem Boden der Wohnung verteilt bzw. werden von Robert aufgezählt, sind jedoch mehr oder weniger freie Titelerfindungen. In dem von ihm verfassten Text „Hund von der Autobahn" gewährt Farocki noch weitergehende Einblicke in seine Lektüren, insbesondere empfiehlt er Georg W. Alsheimer, *Vietnamesische Lehrjahre. Bericht eines Arztes aus Vietnam 1961–1967*, mit einem Nachbericht von 1972, 2., verbesserte Aufl., Frankfurt am Main: Suhrkamp, 1972. Siehe: Harun Farocki, „Hund von der Autobahn", in: *Filmkritik*, 26. Jg., Nr. 301, Heft 1, Januar 1982, S. 5–32, hier S. 23.

Ein Ergebnis vielpoliger Zusammenhänge

Paratexte von *Etwas wird sichtbar* (1980–1982)

Im Foyer des Delphi, eines legendären Berliner Premierenkinos in der Nähe des Bahnhofs Zoologischer Garten. Es ist – wahrscheinlich – der Abend des 21. Februar 1982, während der 32. Internationalen Filmfestspiele Berlin. Harun Farocki und der Schauspieler Ronny Tanner haben ein paar Requisiten aufgebaut: einen Tisch, einen Stuhl, auf dem Tisch liegen zwei Fotoabzüge und ein weiteres Blatt Papier. Anlass ist eine performative Werbeeinblendung für Farockis Film *Etwas wird sichtbar*, der am kommenden Tag im gleichen Kino als Beitrag zum Programm des 12. Internationalen Forum des jungen Films in Berlin zum ersten Mal gezeigt werden soll. Zur Aufführung gebracht wird eine kurze Sequenz aus dem letzten Drittel des insgesamt 114-minütigen *Etwas wird sichtbar*.

Ein Kamerateam (vermutlich je eine Person für Kamera und Ton) dokumentiert den Auftritt. Aus diesem Material entstand ein knapp sechsminütiger Film, für dessen Existenz bis vor Kurzem noch jeder Anhaltspunkt fehlte. Zum Vorschein kam die betreffende Filmrolle im Frühstadium der Erschließung derjenigen Teile des Nachlasses von Harun Farocki, die sich seit Ende 2015 in der Obhut des Harun Farocki Instituts (HaFI) in Berlin befinden. Anders als der in Schwarz-Weiß gedrehte Film, auf den die Aktion verwies, handelte es sich bei dem Fund um 16-Millimeter-Umkehrmaterial von Kodachrome.

Das gänzlich unverhoffte Sichtbarwerden dieses Films samt der dazugehörigen Dose, die von Farocki mit „Ronny und Harun spielen Theater" beschriftet worden war, löste eine Reihe von Überlegungen und daraus folgenden Maßnahmen aus. Film und Ton, die separat vorlagen, wurden – nach Vorarbeiten von Filipa César und Volker Pantenburg – im Auftrag des HaFI von der Korn Manufaktur in Berlin ebenfalls separat digitalisiert. Nachforschungen dazu, wer im Februar 1982 Bild und Ton verantwortet hatte, liefen vorerst ins Leere. Dass es sich jedoch nicht um Material handelt, das sich dem Werk Farockis zuschlagen lässt, stand außer Frage. Ebenso fraglos aber handelte es sich um einen Fund, der dem im Entstehen begriffenen Archiv des HaFI zugeordnet werden konnte – als filmischer Paratext, hervorgegangen aus Arbeitsprozessen, zu denen durchaus auch eine Werbeveranstaltung und ihre Aufzeichnung im Rahmen der Berlinale zählt.[1]

Für das HaFI gab die autorlose Filmrolle „Ronny und Harun spielen Theater" unter anderem den Anstoß, sich noch einmal mit *Etwas wird sichtbar* zu befassen. Der komplexe, mehrschichtige, zwischen 1980 und 1982 an 60 Drehtagen in Westberlin, Lüchow-Dannenberg und Khon Kaen (Thailand) – sowie ungezählten Tagen im Schnitt – entstandene Film über mögliche Perspektiven auf den Krieg in Vietnam, der – wie Farocki in seiner Fragment gebliebenen Autobiografie einräumt – „die Verbrechen Nordvietnams und des Vietcong nicht einschloss. In dem die Lager für politische Gegner nicht vorkamen und auch nicht die Flüchtlinge, die Boat People, Menschen, die auf meist seeuntüchtigen Schiffen das Land unter dem kommunistischen Regime verließen",[2] überzeugte zwar Kritiker*innen wie Frieda Grafe oder Hans Christoph Blumenberg, war zur Zeit seiner Veröffentlichung aber durchaus nicht überall gut gelitten. Mit Bruno Ganz

---

1 Das HaFI-Archiv befasst sich ausdrücklich nicht mit dem Werk Farockis in Gestalt seiner realisierten Filme, Installationen, Fernseharbeiten oder Radiostücke, für die andere Archive zuständig sind, sondern mit all dem, was im Zuge der Recherche- und Konzeptionsphasen, der Produktionen, der Postproduktionen und der Rezeption dieser Arbeiten gewissermaßen übrig geblieben war. Das heißt: mit einem „Surplus", einem Überschuss, den zu registrieren und zu administrieren sich nicht von selbst verstehen kann und soll – und der nach Verfahren und Methoden verlangt, die erst zu entwickeln sind.
2 Harun Farocki, *Zehn, zwanzig, dreißig, vierzig. Fragment einer Autobiografie*, hg. v. Marius Babias und Antje Ehmann, Köln: Verlag der Buchhandlung Walther König, 2017 (= Harun Farocki. Schriften, Bd. 1).

Ein Ergebnis vielpoliger Zusammenhänge. Paratexte von *Etwas wird sichtbar* (1980–1982): S. 3

Faltblatt *Etwas wird sichtbar* [1982]: S. 9

Protokoll eines Filmgesprächs über *Etwas wird sichtbar* während der 6. Duisburger Filmwoche [1982]: S. 18

Fotos: S. 20

Impressum: S. 24